# シャイン博士が語る
# 組織開発と人的資源管理の進め方

## プロセス・コンサルテーション技法の用い方

【著者】

エドガー H. シャイン
Edger H. Schein

尾川丈一
Joichi Ogawa

石川大雅
Taiga Ishikawa

【訳者】

松本美央

小沼勢矢

東京 白桃書房 神田

# はじめに

　現代は大変革の時代です。グローバル化やIT化などの潮流により，企業や組織を取り巻く環境は日々急激に変動していっています。組織が生き残るためには大きな変化が不可欠であり，また持続的に変化に対応しうる組織であることが求められています。そのような中で，人的資源管理はますます重要性になっていくでしょう。中長期的な視点を持った戦略的な人的資源管理こそが，変化に強い組織開発を可能にし，ひいては組織の存続のカギとなるのです。

　昨今，世の中の変化に伴い，キャリアという言葉の概念そのものも大きく変わってきました。ただ，特に日本では，エドガー H. シャインのキャリア・アンカー理論に代表されるように，組織全体の人的資源管理というよりは個人のキャリアという視点にフォーカスされる傾向が長らくありました。しかし，労働市場の送り手である個人だけを理解できても，受け手である組織全体の構造を理解できていなければ，効果的な人的資源管理を行うことはできません。本書は，シャインの理論の中でも，特にOB（Organizational Behavior: 組織行動学）のマクロ的視点に基づく人的資源管理について，エドガー H. シャイン本人とのセッションを行った中から生まれたものであり，シャイン理論の中核をなすプロセス・コンサルテーションを，キャリア・カウンセリングではなく，組織全体のキャリア開発という視点で語っています。

　まず，第1章では，人的資源管理に影響を与える諸潮流とそれによる変化，またヒューマン・パーソネルから人的資源管理部門へという歴史的な変遷を見ることで，現代における人的資源管理の意味と重要性を考えます。

第2章では、プロセス・コンサルテーションを用いた人的資源管理として、どのようにキャリア開発をしていくのか、具体例も交え提示します。続く第3章では、プロセス・コンサルテーションというものが組織内の対人関係にどのように変化を生み出すものであるかを説明しています。
　そして、第4章では、組織文化の構造を理解し、プロセス・コンサルテーションによってどのように組織に変化を引き起こしていくのかを示しています。
　シャインの理論は抽象度が高いことにより「難しい」と言われることも少なくなく、プロセス・コンサルテーションはその中でもわかりにくい理論だと思われているようです。本書は、できるだけ具体的な例を示すことにより、抽象的なシャイン理論を活用可能なものへと具現化しているのが特長です。
　キャリア・コンサルタントを志すならば、個人の特性とともに個人が働く先となる組織の特性を知らなければなりません。これは企業の人事部でも同じです。組織の内外で人的資源管理に関わる人は、個人を理解するとともに、組織を理解しなければならないのです。ですから、本書の中で「コンサルタントは」とされている部分は、「コンサルタント的な立場をとる場合は」と広く読み替えていただくとよいでしょう。それは、時には外部のコンサルタントであり、また人事部の担当者や部署の責任者（上司）、プロジェクトのリーダーやファシリテーターであったりするでしょう。
　また、組織の持つ固有のやり方（組織文化）を変えるということは大変困難なことであり、その特性を知らず手を入れてしまえば、手痛い失敗をおかすことでしょう。この意味では、広く組織全体の経営や運営を担う方々にも、人的資源管理という視点での組織の構造の理解は大変重要です。
　本書がその一助になることを祈念しております。

尾川　丈一・石川　大雅

# 目　次

はじめに ……………………………………………………………… 1

## 第1章　人的資源管理部門の役割変化 ──────── 7
### 1. 組織に大変革が起きている理由とその影響 ……………… 8
　1-1. 変化をもたらす4つの潮流　8
　1-2. 変化による影響　13
### 2. キャリア開発・人的資源管理における潮流 …………… 18
　2-1. キャリア開発における潮流　18
　2-2. 人的資源管理に影響を与える諸潮流　20
### 3. HRM部門の4つの役割 ……………………………………… 21
### 4. 最後に ………………………………………………………… 28

## 第2章　キャリア開発と人的資源管理の実践 ──── 31
### 1. 職務と能力のマッチング ………………………………… 32
　1-1. 個人のキャリア開発　32
　1-2. キャリアへの文化の影響　33
　1-3. 外的キャリアのステージ　35
　1-4. 内的キャリアのステージ　35
　1-5. 従来の人的資源管理システムの問題点　36
　1-6. 各キャリア・アンカーが求める人的資源管理システム　37
　1-7. 理想的な人的資源管理システム　41
### 2. プロセス・コンサルテーションの技法によるマッチング …… 41
### 3. キャリア開発における日本の現状 ……………………… 45

3-1. 専門・職能別コンピタンスの増加による影響　45
　3-2. 後継者育成における変化　47
4. 組織文化とキャリア・システム：3つの事例 ................ 48
　4-1. デジタル・イクィップメント社（DEC）　49
　4-2. チバガイギー社　50
　4-3. 大手電力企業　52
5. 最後に ................................................................ 54

# 第3章　プロセス・コンサルテーションという技法 ── 57

1. プロセス・コンサルテーションはTグループではない ......... 58
2. プロセス・コンサルテーションの原則 ........................... 59
3. プロセス・コンサルテーションの典型的なプロセス ............ 60
4. コンサルタントとクライアントによるチームで行う
　　問題の分析プロセス .............................................. 62
5. クライアントの種類によるプロセス・コンサルテーション
　　のポイント ........................................................ 64
　5-1. 個人の場合　65
　5-2. NPOの場合　67
　5-3. 中小企業（事業承継）の場合　68
　5-4. 日本の大企業の場合　69
6. 相互作用のダイナミクス .......................................... 69
7. 最後に ................................................................ 71

# 第4章　組織文化の活用と組織開発 ─────── 73

1. 組織文化の理解 .................................................... 74
2. 組織文化の構造モデル ............................................ 75
3. 組織文化の分析のポイント：各レベルはお互いに
　　一貫しているか .................................................. 77

4. 何についての基本的想定か ·················································· 78
   4-1. 外部的起源のもの　78
   4-2. 内部的起源のもの　79
5. コンサルタントはいかに文化を取り扱うべきか ························· 79
6. プロセス・コンサルテーションを用いた，文化の問題への
   切り込み方とその分析 ······················································ 80
   6-1. 文化の問題へどう切り込むか　80
   6-2. 組織文化をどう分析するか　81
7. 文化は問題解決の助けか障害か ············································ 85
8. 基本的想定を変えるには ···················································· 86
9. プロセス・コンサルテーションの注意点 ································· 87
   9-1. プロセス・コンサルテーションはスキルである　87
   9-2. 依存を避けるために　90
10. プロセス・コンサルテーションの典型的な3つの事例 ········· 93
    10-1. 大手石油会社での技術者の集約　93
    10-2. 大手環境保護団体の創設　94
    10-3. 個人的なコンサルティングでのプロセス・コンサル
          テーション　96
11. 最後に ········································································· 97

## あとがき
　　——プロセス・コンサルテーションと対話型組織開発 ············ 99
1. コンサルティングの分類からみたプロセス・コンサル
   テーション　99
2. プロセス・コンサルテーションを用いるべき場合とは？　102
3. プロセス・コンサルテーションとは何か？　105

参考文献 ··················································································· 107

# 第1章
# 人的資源管理部門の役割変化

シャインが語る大変革の時代

最初に，私がこの25～30年に渡って見てきた，アメリカでの人的資源管理（human resource management: HRM）の発展についてお話ししたいと思います。私は，HRM部門が，組織の中でも非常に重要な存在だと確信しています。

　この先もしばらくの間，全世界的に組織というものの大変革が起こっていくでしょう。HRM部門もその例外ではありません。では，なぜそのような変化が今，求められているのでしょうか。

## 1. 組織に大変革が起きている理由とその影響

### 1-1. 変化をもたらす4つの潮流

　今，組織に変革が求められている理由として，大きな4つの流れがあります。まず，①「技術の複雑化」が挙げられます。どの企業においても，それぞれの部門の技術がより専門的になっていっています。次に，②「グローバル化」です。現在，どの企業でもますます国際化が進んでいます。3つめは③「文化の多様化」の影響です。様々な国や職業という多様性だけではなく，組織のあらゆる階層に進出する女性の割合が増えてきたこともそれを加速させています。最後が④「情報技術（IT）」による影響です。

①技術の複雑化
　現代では，あらゆる職種や職能での複雑化・専門化が進んでいます。金融，財務，マーケティングといったビジネス上のどの分野も，より科学的に，より複雑に，より多くの技術の複合したものになってきていま

す。そのため，そのような職種の人々は，より高度な訓練をし，専門性を高めていかなくてはならなくなっています。

　一方，組織の中でチームを編成する場合には，例えば，金融の専門家とマーケティングの専門家が一緒になって新しいプロジェクトや製品を開発するなど，部門を越えたクロス・ファンクショナルなチームでなければならないことがしばしばあります。以前は，そのような中でもお互いの仕事をよく理解し合って仕事することができていました。しかし今や，すべての人がそれぞれの分野の専門家であるという状況により，職能横断型チームの運営はより難しくなってきています。

　このことは人的資源管理にも密接に関わってきます。HRM担当者に，技術的な専門家で構成されたグループで円滑に話し合いを進めるためのプログラムを用意してほしいと依頼がくることもあるでしょう。すべての知識がさらに洗練され専門的になっていくことは，避けようのない当然のなりゆきです。ですから，HRM担当者は，どの組織のどの専門家に対しても上手く対処できる方法を身に付けなければなりません。

## ②グローバル化と③文化の多様性

　グローバル化によりビジネスが大きくなってくると，多くのタスク・フォースや作業チームが生まれてきます。組織のグローバル化に伴い，多様な国籍・人種で構成されるタスク・フォースやチームが増加していますが，そのようなチームでは，当然メンバーそれぞれの仕事に対する姿勢もかなり異なっています。

　グローバル化の第2のポイントとして，様々な国や民族の人々が働く組織内，特に作業チームやグループの中では，言語と言葉の意味の問題が起こることがあります。

　表向きは統一の言語で話していたとしても，言葉の微妙なニュアンスはそれぞれ異なっています。特に権限，つまり義務と権利に関する議論を扱う場合，その違いが顕著です。この義務と権利における問題は，原

子力発電所や手術室，あるいは飛行機のコックピットといったような，安全性に非常に注意しなくてはならない場所でのやりとりの中では特に際立ってきます。

　国によっては，上司が間違ったことをしているのに対して，部下が直接「おかしいですよ」と指摘しても構わないところもあれば，日本のように部下が上司に「間違っている」と指摘しづらい文化の国もあります。例えば，手術中にベテラン外科医が間違いを犯しそうになった時，手術室内の看護師や技師が自分より地位の高い外科医に間違いを指摘できるのか，という問題があります。ある文化では間違いを指摘することが適切な対応とされ，別の文化ではそれはとても難しいことになります。

　ですから，実際に組織を運営する際には，コックピットの乗務員や手術チーム，原子力発電所の管理者を適切に動かしていくために，このような問題にどう対処するのかを皆で話し合って決めておかなければなりません。発電所の作業員のような低い階級の人々が何か問題点を発見したとき，それをどのように上に伝えるべきなのでしょうか。日本でも原発事故が起こりましたが，権限についてのルールが情報伝達のプロセスを妨げているような場合，どうすれば現場レベルからの伝達が迅速に行われるようになるでしょうか。

　上下間のコミュニケーションの壁というものは，より大きな文化，つまり国の文化によるものであり，それは一組織内での文化よりもずっと強力です。「我が社では誰にでも率直にものを言えるようにしよう」と宣言し，いくら上司が「大丈夫だ」と言っても，一般的な日本社会ではそれが受け入れられないということは皆が分かっています。このような場合は，どうしたらよいでしょう。例えば，独立した部門を設け，直接ではなく第三者を通して上司に伝えるという方法をとれば，従業員も安心して問題を伝えることができるかもしれません。韓国のある航空会社の例は，別の解決法のヒントになります。その会社では，コックピット

内で副操縦士が機長に率直に進言できないせいで，深刻な航空機事故が起こっていました。そこでそれを文化的な問題だと考え，使用する言語を韓国語から英語に変えました。すると部下は，英語を使うことで，韓国の文化では上司に言えないようなことも言えるようになりました。使う言語を変えることだけで文化が変わったのです。他にも，信号のようなものを用意し，部下が何かを伝えたいときはそれを点灯させ，そこへ上司が話を聞きに行くというのも，1つの方法でしょう。いずれにしても，日本の組織で起こっている問題であるならば，日本の文化に矛盾しない形での解決方法を取るということがポイントになります。

これと同じような問題が信頼ということについても起こります。チームのメンバーを信頼できると感じるのは，どういう時でしょう。

例えばあるコンピュータ会社で，新しいコンピュータを設計しているハードウェア開発者が，ソフトウェアの担当者に「このコンピュータ向けのプログラムを組むのにどれくらいの期間がかかりますか？」と尋ねたとします。同じ会社の文化の中で働く同士ならば，相手が「6ヵ月でできます」と答えればそれを信用することができるでしょう。しかし，相手が違う文化に属している場合には「6ヵ月でできる」と聞いてもそれを信頼できるかどうか分かりません。もしかしたら遅れるかもしれないし，「できる」と言っていてまったくできない場合もあるかもしれないのです。

そのような時には，それが本当に信頼できる契約なのか，それともただの口約束なのかを判断するための，新しいルールが必要になってくるでしょう。ある文化では，握手をするだけでお互いの同意が取れたという証になるでしょうし，別の文化では必ずすべてを文書化し法的な契約を交わしてからでないと，信頼関係が成り立たないということもあるでしょう。

以上のような問題に対処するため，HRM担当者は，チーム内でお互いにうまくコミュニケーションが取れ，仕事が円滑に回っているかに常

に気を配り，そうでない場合には，チーム内のコミュニケーションを向上させるための特別なプログラムやツールを提供し，その助けとならなくてはなりません。

④ IT（情報技術）

　ITの発達に伴い，組織内では，実際に相手と対面せずに行う，非対面コミュニケーションが増加してきています。これはアメリカでもそうですし，日本の皆さんも日々経験されていることでしょう。これは非常に由々しき問題です。コミュニケーション理論においては，実際に顔を合わせないような場合，相手を本当に理解するのは非常に難しいとされています。そのため，非対面コミュニケーションの増加は，特にリーダーやスーパーバイザーという立場の方々にとっては大変な問題でしょう。「上司は部下を監督・サポートできるように部下の近くにいなくてはならない」というのは従来のごく一般的な理論ですし，グループ全体を上司の周りに配置するというのは，伝統的な組織のスタイルでもあります。スーパーバイザーは部下と日々常にコンタクトし，仕事の指示を与えていかなければならないので，部下と対面的なコミュニケーションが取れないとなると，非常に苦労することでしょう。つまり，個人と個人の接触を伴わないリーダーシップや管理監督というものが，新たに上司に求められるようになるのです。

　これとはまったく別の現象として，ITで皆が相互に連絡を取りやすくなったことにより，様々な形での新しい仲間関係も生まれています。FacebookやLinekedIn，Eメールなど，従業員同士でのコミュニケーションの手段が，以前と比べ格段に増えていますが，これには善悪両面があるでしょう。悪い面は，実際に顔を合わせることがなくなると，上司には部下の把握がさらに困難になるという点です。良い面は，上司と毎日顔を合わせなくてもよいことにより従業員の自由度が増し，その結果，与えられた権限に対し従業員が責任感を持って取り組むことができ

るという点です。

　長期的に見れば，このような組織内の物理的な人的距離の広がりに対し，この先，新しいタイプのマネジメント理論やマネジメント手法が生まれていくことになるでしょう。

## 1-2．変化による影響

①社会的責任

　世界中の企業が，「利益を上げて株主に還元することが第一目標ではあるものの，今日の大企業には社会的責任という役割もあるのだ」という考え方になってきているように感じます。

　その1つが，最近よく耳にする「社会的価値」です。これは，従業員も人間であり，企業はその従業員に対し，国際的な人権などを保障した組織でなくてはならないという考え方です。例えば，発展途上国に工場を持って成功を収めている国際的な企業が，幼い子供を労働者として使うことで業績を上げているとしたら，それは不適切であるという感覚の人が増えてきていますし，そういった声に対して罪悪感を持つ企業も増えてきています。これは，企業が様々な国の人々に対応しなくてはならなくなったというグローバリズムによる多様化の影響の他に，組織内で今まで不利な立場にあった女性やマイノリティといった人々の参画の増加による影響もあります。

　次に挙げられる社会的な責任は「環境問題対策」です。今や，どの社会，どの国においても，オゾン層の破壊や地球温暖化，エネルギー問題，$CO_2$排出量の増加といった環境問題に対し，企業がどのような貢献ができるかということが課題となっています。産業界というものが，エネルギーを最も消費し，公害の発生源となっている以上，社会的責任という新しい意識を持ち，すべての企業が自国の政府と連携し，地球温暖化を防ぐための方策を探していかなくてはなりません。

　新しい社会的責任の3つめに挙げられるのが，「安全性」の問題で

す。かつて，炭鉱労働などで年10人くらいの死者が出ても「ビジネス上仕方がない代償だ」と思われていた時代がありました。しかし最近では，どの企業も1人の労災死をも出すべきでないし，安全な組織でなくてはならない，という考え方になってきています。例えば医療業界では，皆さんご存知のように，患者の院内感染について細心の注意を払うようになってきています。

　最後に，今日の企業が取り組むべき最も困難な問題として挙げられるのが，「高齢化」です。多くの企業がまだまだ働ける年代の人々を定年退職させています。

　メキシコのモントレー市にある，ある会社の話です。その会社で働く従業員の家族は皆モントレーの近郊に住んでおり，定年後の従業員は子供の世帯と同居することがほとんどでした。しかし，家には十分な部屋数がないため，高齢者が一緒に住むことになると以前の暮らしができなくなり，家庭内では若い世代と定年後の世代との間でのトラブルが起こりがちでした。その企業は，住民のほとんどが自社の社員であるというその地域が抱える問題に対し，会社として何かすべきであると決断しました。そこで，定年退職者を対象に日曜大工の講座を開くことにしました。例えば，ペンキの塗り方や配管の直し方，電気関係の修理といったような，家周りの修繕について網羅するものです。その講座を受けた退職者は，家族に喜んで受け入れられるようになり，退職者にとっても，家族のお荷物になるのではなく，時間のない他の家族に代わって役に立つことができるということが，とても張り合いになりました。

　この例はとても素晴らしい解決法ではありますが，一方でかなりのコストがかかるものです。企業にとっては，社会的責任を果たす上で何に予算を割くべきか，様々な価値観を調整し，多少の損失になろうと行うべきことは何かということを検討し，優先順位づけにおけるコンフリクトを解決することも重要です。

②組織文化の変革

　グローバル化やITといった新しい問題によって，今日，ほとんどの企業が，社会の変化に対応していくために，自分たちの組織文化を変革させなくてはならないと模索し始めています。その中で，HRM部門は，文化の変革を運営するキー・グループとなります。

　では，HRM部門がこの問題に対して何ができるのかを考える前に，まず，ここでいう「文化」とはどういうものであるかを定義しておきましょう。

　文化とは，ある集団がその歴史の中で環境に対応して生き残り，またお互いに一緒に協力していく中で蓄積していった知識であるといってよいでしょう。組織文化は通常，会社の草創期に創業者によってもたらされます。創業者は自身の信念に則ったルールや人とのつながりを持っており，従業員にもその価値観やルールに従わせます。その会社が成功しなければ，文化が残ることはありませんが，会社がうまく存続していけば，従業員は創業者が示す価値観やルールに従うようになっていきます。つまり，会社が5年，10年，15年と続いていくにつれ，元々は創業者個人の価値観やルールであったものが，会社全体の文化になっていくわけです。つまり組織文化とは，過去の成功を反映したものであり，ゆえにそれを変えることは非常に困難です。

　しかし，この文化に基づく基本的想定や価値観が，役に立たなくなることがあるのです。そのような状況は大抵の場合，組織のおかれた環境の変化によってもたらされます。例えばある企業は普段から非常に動きの遅い市場でビジネスをしていたので，集団で討議し計算しつくされた決定を下すというスタイルを取っていたとします。ところが市場に変化があり，よりスピーディに供給される競合品が参入してきた場合，その企業はどうしたらもっと速く決定が下せるようになるかを考えなくてはならなくなります。そこで自社のやり方を見直し，「何事にもコンセンサスを重視するという我が社の文化が，決定を遅らせている。動きの速

いビジネスをするためには，文化を変革しなくてはならない」と気づくかもしれません。

　そのような場合，HRM部門は経営陣が組織文化を変える手助けとして何ができるでしょうか。HRM部門には，経営陣に対してグループ・コンサルタントのような役割を取ることが求められます。具体的には，現行のシステムのどこを変えればスピード・アップが図れるかということを，経営陣と一緒に明らかにしていくことになります。例えば，ITを活用し，会社内のヒエラルキーを軽減し，横のコミュニケーションを円滑にし，Eメールなどを使うことで，顔を合わせる手間なく意見の交換や決定を行うといったことが可能でしょう。

　また，ある変革を目指すことが決まった場合でも，文化全体の大部分はそのまま存続されることとなるので，これは文化の変革であるというよりも文化の「進化」であるといったとらえ方をすべきかもしれません。例えば，ITを活用し，よりフラットな組織を目指す場合，「フェース・トゥー・フェースでなくても大丈夫な信頼関係が，過去の歴史の中でできあがっているのか？」ということを考えなくてはなりません。もともと強い信頼関係のある文化では，こういったフラットな構造への移行はとてもスムーズに実現するでしょうが，そうでない場合，お互いの言葉を信用できない状態では，ITによる連絡を密にしても何の役にも立たないのです。

　そのため，文化の変革を実現させるには，既存の文化のある一部を活用し，問題の原因となっている他の部分を変化させるということが最善の策となります。例えば社内に信頼関係ができあがっているのならば，迅速な決定を行うためのネットワーク作りは，お互いが信頼し合うという文化を活用して作り上げるべきだということです。

③リーダーシップへの影響

　これまで述べてきたような潮流は，リーダーシップというものに，ど

のような影響を与えるのでしょうか。

　まず最も大きな影響は，組織のトップや取締役会といった公式なリーダーが，意思決定のための十分な知識を持てなくなってきているという点です。これは，複雑性や多様性という問題によるものです。今や重要な決定に影響する専門的な知識のほとんどが組織の下層の人々のみが持つものとなり，取締役会やCEOが決定に関する十分な知識を得るためには，大変な時間と労力を要するようになっています。

　これまで，ほとんどの組織では，部下は上司を頼りにし，上司は部下の知りたいことを教えるというのが一般的なイメージであり，それこそがリーダーシップだということになっていました。しかし，この流れからいえるのは，将来的にこれとは矛盾したことが起こり，複雑で専門的な知識に関しては上司が部下を頼るようになるだろうということです。上司は，部下から適切な情報を得られた時にだけ，適切な決定を下すことができるのです。

　そのためには，部下が自分の知っているすべての情報を安心して上司に伝えることができるような風土を作らなくてはなりません。つまり，ほとんどのリーダーには抵抗があるかも知れませんが，リーダーは部下に助けを求める立場なのであり，どんな悪い報告であろうと上司はそれを受け入れ対処してくれるという風土を作らねばならないのです。

　また，異なる文化を持つ様々な専門家からなるグループがプロジェクトやタスク・フォースのチームとなるため，チームがうまくまとまるための助けとなるゼネラル・マネジャーが必要となります。これにより，組織内では以前よりもさらに下層においてもゼネラル・マネジメントのスキルが必要になるでしょう。

　リーダーシップに対するその他の影響としては，公式なリーダーが面と向かって優位な立場を顕示することができなくなるという点があります。このことは私も以前から指摘してきましたが，この先，非常に大きな影響が出てくるでしょう。公式なリーダーは様々な文化を持つ集団を

取りまとめていかなければいけない状況に立つことが増えていますが，それがどのようなものであるか予め知識を持てるわけではありません。私が考える最も重大なリーダーシップの変化は，部下に指示を出すという上司像からの変化です。上司はある意味ではグループ全体の僕（しもべ）であり，部下のために，部下たちがお互いに協力しうまく仕事を成し遂げることができるような環境を作り上げるのが上司の仕事になります。多種多様なメンバーを率いるリーダーは，かつてのような権威的な存在ではなく，グループ・マネジャー的な存在にならなくてはならないのです。

## 2. キャリア開発・人的資源管理における潮流

### 2-1. キャリア開発における潮流

ここまでに挙げた以外の潮流による影響もあります。

まず男女平等というものが挙げられます。より多くの女性がビジネスに進出しているため，共稼ぎの夫婦も増加しています。

また従業員の教育水準も上がっており，高学歴従業員の増加に伴い，良い仕事を野心的に求める従業員も増えています。それによってスキルの低い人々の仕事はさらに少なくなってしまうため，高いスキルと教育を受けた人々に見合う新たな仕事を，社会が創出していかなければならなくなっています。

おそらくここ25年間のアメリカで最も重要な変化は，終身雇用からの脱却であり，これは日本の企業でもこの先どんどん進んでいくことになるでしょう。アメリカでは，雇用の保障（employment security）からエンプロイアビリティ保障（employability security；雇用機会の保障）へのシフトという言い方がされています。

企業が従業員を永続的に雇用する（終身雇用）という意味での雇用の

保障という言葉に対するエンプロイアビリティ保障という言葉を私が初めて耳にしたのは，25年前，シリコンバレーのアップル社でした。アップル社の経営陣は従業員に対し「我々はあなた方に雇用の保障をしませんし，あなた方も我々に忠誠を誓う必要はありません。だから，やる気も労力も会社に対してではなく，プロジェクトに対して持って下さい」と言っていました。従業員は与えられたプロジェクトに対して誠実に一生懸命働きますが，プロジェクトが終われば会社は彼らを解雇するかもしれません。ただ，アップル社でいくつかのプロジェクトに関わるうちに，何らかの新しい技術や知識が身につき，結果的にそれによって別の会社でも通用するような人材になっているというわけです。これがエンプロイアビリティ保障です。

　別の視点からいえば，若いエンジニアのような教育水準の高い従業員は，いずれにしろ別の会社に転職することも多く，それならば初めからそうしやすいようにした方がいいのではないかということです。これが，アップル社がいう「忠誠心を持たなくてもよい」ということの意味です。

　このエンプロイアビリティ保障という考え方は，個人ではなく企業が主導してきたものです。現代では，技術革新によって物事がますます複雑になり，多くの人々がそれから取り残されるようになっています。会社としては当然「時代遅れの従業員全員を雇い続けて再トレーニングするのはコストがかかりすぎる。十分なトレーニングを受けた若い従業員を雇い，使いものにならない従業員を解雇する方がずっと簡単だ」と考えるようになります。これが，会社がエンプロイアビリティを重要視する主たる理由であり，資本主義経済の下ではどこでも起こり得ることです。資本主義経済では，企業に無能な社員を雇い続けるような余裕はありません。前述のアップル社もそういった時流の一例であり，このようなことは技術的に特化していっているすべての産業で見られる流れとなっています。これも技術の進歩による影響といえるでしょう。

## 2-2. 人的資源管理に影響を与える諸潮流

　私がこれまでお話したことのすべてが,「キャリア」という概念そのものの変化を暗示しています。

　アメリカで見受けられる大きな変化として,流動性の増大が挙げられます。共働きの夫婦が増えることで,転職や転居も増加しています。夫婦が共に職を得るためには,お互いにその機会を得られるような地域へと移らなくてはなりません。また,会社への忠誠心は低下し,自身の生涯設計への関心の方が強くなってきています。究極的には,キャリアというものはそのキャリアを持つ人自身のためのもので,もはや会社のためのものではなくなっているのです。

　また,教育水準が高くなり多様性が増す中で,私がキャリア・アンカーと名付けた,仕事をする際の第一目的も,人それぞれ,バリエーションに富んだ理由が見受けられるようになってきました。キャリア・アンカーについては,第2章で詳しく触れますが,お金のため,昇進のため,生活の安定のため,自立のため,またはその仕事をするのが好きだからと,それぞれの人が様々な理由によって働いているということです。人々の働く理由が多様化している以上,組織もその様々なニーズに応えなくてはなりません。キャリア開発には,個人のニーズと組織のニーズのすり合わせ(マッチング)が必要です。まず,キャリア・アンカー分析などにより,個々人が自分の求めるものを明確にするのを助けることによって,個人側のニーズをはっきりさせることができます。

　また,個人のニーズと組織のニーズをうまくマッチングさせるためには,組織側のニーズもはっきりさせなければなりません。つまり組織自身が,必要としている仕事をきちんと分析し,遂行すべき業務を正確に示す必要があります。私が思うに,多くの企業のジョブ・ディスクリプション(職務記述書)は,未だそのために十分であるとはいえません。ジョブ・ディスクリプションには,個人の仕事の説明だけではなく,そ

の仕事をする際に，関係する他の人々とのネットワークの中で，どのような役割を果たしていくべきかといったことも明示されるべきでしょう。そのためには，ロール・マップ（役割マップ）によるジョブ・ロール・アナリシスが有効ですが，これについても第2章で説明します。

今まで述べてきたこれらの潮流のすべてが，HRM 部門に対して大きな影響を与えています。また，それにより HRM 部門自身も変化し，様々な役割を果たすようになってきているようです。次に，HRM 部門の持つ様々な役割や将来的な影響についてお話ししたいと思います。

## 3. HRM 部門の4つの役割

まず，アメリカで HRM 部門の役割がどのように変わってきたかということを歴史的に見ていきましょう。日本でも，おそらく同じような道筋を辿っていると思います。これまでの歴史を振り返ることで，将来どうするべきかということがよく見えてくるでしょう。

まず，全体の流れを概説します。組織の歴史の黎明期には，HRM という言いかたはなく，パーソネル・マネジャー（人事担当者）と呼ばれており，①「従業員の擁護者」という立場でしたが，組織がより官僚的になるにつれ，給与や雇用契約の管理，労使関係の対応などを受け持つ，給与と雇用契約の②「専門的管理者」になっていきました。

さらに，組織が戦略的に困難な問題にぶつかるようになると，事業戦略を立てる上で，人をいかに戦略的に活用するかということがとても重要であるということが分かってきました。このことが起点となり，単なる個人に対応するという意味の人事部門から，人的資源管理の部門へと変化し，それによりトップの③「戦略上のパートナー」として，事業戦略全体の助けとなることが求められるようになっていきました。

このように HRM の役割がより重要になり，経営に深く関わる部門になるにつれ，高い専門性も求められるようになっていきました。HRM

マネジャーは，法務や人的資源などについてのより高いスキルが求められ，また高い教育を受けています。私はこれを Professional conscience（④「善悪を判断するプロフェッショナル」）と呼んでいますが，これについては後程詳しくお話しします。

　こうして人事部門の専門化が進むことにより，組織開発と呼ばれる一連のスキルができあがっていきました。HRM 担当者は組織内の人々を成長させるための様々なトレーニング——ワークショップや研修プログラムなどを行い，より良い組織作りの一翼を担っています。

　では，この4つの役割を，より詳しく見ていきましょう。HRM 部門の皆さんは，ご自分の仕事の傾向と照らし合わせて，どの役割を果たす割合が多いのか，順位付けをしてみて下さい。

①従業員の擁護者
　1つめの役割は，従業員の擁護者です。これは歴史的に最も早い段階でパーソネル・マネジャーに課せられた役割でした。従業員が抱える不満や問題を見つけ，経営陣に対して「工場の環境が劣悪なので改善すべきです」とか「援助が必要です」などと訴えていく役目です。

　この役割を果たす上で重要なのは，従業員に対し共感し，一体感を持つということです。また，従業員の助けとなるためには当然，目上の人に対して影響を与えるスキルがなくてはなりません。従業員のためにこれこれのようなことをしなくてはならないのだと，上司をうまく納得させることができなければならないのです。

　また，労働者を守るという，労働者サイドの価値観も持っていなければいけません。労働者はより良い労働条件で働くべきだという信念を持ち，経営陣と交渉しなければならないのです。そして最も重要なのは，労働者の状況は改善し得るのだという信念を持つことでしょう。

　初期の頃，この役割がほとんどであった時代には，彼らは経営から遠

ざけられていました。マネジャーという肩書ではあったものの，事実上は常に従業員側に立っているということにより，どうしても経営陣からは締め出されることが多かったのでした。

　これが1つめの役割，従業員の擁護者です。

②専門的管理者

　2つめの役割である専門的管理者は，1つめの役割が進化したものです。

　組織がより官僚的になるにつれ，人事部門としても人的資源をきちんと管理しなければならないようになってきました。そのため，それまでのような単なる従業員の擁護者ではなく，効率性を重視する志向・価値観を持ち，経営効率というものも考えなくてはならなくなり，管理運営のスキル，特に給与面の管理についてのスキルが求められるようになってきました。もし何らかの問題で給与の支払いが遅れたり，間違ったりすれば，組織全体が非常に混乱してしまいます。また，人というものは組織の要ですから，人事の責任者が，社員の名前や社会保険番号をきちんとリストにするなど，管理していくための様々な制度や手順に関する知識を持ち，人事部門としてより正確な管理を行えるようにしていかなければいけません。

　これらの業務をうまく遂行するために何よりも重要なのは，標準化に対する信念を持つことです。ただ，この標準化というもののせいで，人事部門がマネジャー層と対立してしまうことも少なくありません。各部署のマネジャーは，部下の給与や休暇の取り方など，何でも自分の裁量で仕事をしたがります。しかし，人事部門が「我が社では休暇について決まった取り方があります。部下に休暇を与える際もこちらの承認を得ていただかないと，組織全体での人員の確保を管理できませんので」という立場を取れば，マネジャー層も不承不承それに従うしかありません。

採用の場面での人事部門は「誰を採用するにしても，他の従業員と同様の標準を満たしていると承認できる人を採用して頂きたいです」とか「従業員には常に標準を維持させて下さい」などと言います。その際，人事部門は，マネジャー層が仕事の分析や役割について明確にする助けとならなくてはなりません。それにより，単なる職務能力といった最低条件だけでない，仕事全体での役割をはっきりと従業員に明示でき，良い採用ができるようになるでしょう。

　もう1つの問題は，解雇をどうするかという問題です。この役割は，従業員の擁護者でありながら，管理運営の側にも立たなくてはならないという非常に難しいものです。マネジャー層は「人事が採用をするのなら，解雇もしてくれればいいじゃないか」と言いがちです。他のマネジャー層から，「人事部門が一方的に標準やルールを押し付けてきたのに，解雇通知をする際には自分達の助けにはなってくれないのか」と，人事部門が反感を買うことも少なくないでしょう。しかし，それは間違っています。解雇通知は，必ずその上司からされなければなりません。最近の集団操作の理論では，人事部門のマネジャーが従業員を解雇してしまうと，解雇される側は人格の無いモノとして扱われたような気持になるといわれています。解雇する相手をひとりの人間であるという扱いをするためには，その人の上司が「仕事ぶりが思わしくないから解雇せざるを得ない」とか「あなたのしている仕事は無くなってしまいます」と直接言うよう促すべきなのです。

③戦略上のパートナー

　冒頭でも述べましたが，最近の企業は，採用人数や人員配置，昇進システムや研修といったものが経営戦略的に非常に重要であると考え始めています。パーソネル・マネジャーからHRMマネジャーへという呼び方の変化が，このことを端的に表しているでしょう。お金や情報，空間といったものと同様，人間というものも戦略的に管理されるべき資産で

あるとみられるようになってきたのです。これには良い面と悪い面があります。

　良い面としては，人というのは会社の経費やコストの中で一番大きな部分を占めるのだということが認知され，単なるコストではなく設備投資として戦略的に扱わなければならないという考え方に変わってきたことです。例えばこれにより，経営陣がHRMマネジャーに「我が社は来年10％の成長を見込んでいるが，それに対応するために何人採用すれば良いだろうか」ということを相談するようになります。こういった質問がますますHRMマネジャーに投げられるようになり，それに対してHRM部門が戦略的に対応する能力を持っていけば，HRM部門が事業戦略全体の中でもっと高い地位を得ることができ，戦略作りそのものにも深く関わることとなります。

　ここで興味深いのは，先程紹介した1つめ，2つめの役割も消滅したわけではないということです。この状況下でのHRM担当者は，一方で従業員のための労働環境の改善を目指しながらも，給与の管理を効率的に行い，さらには経営陣に対する共感や一体感を持ってその助けとなっていかなければならないのです。

　ところが，HRMマネジャーは，経営側として戦略的な仕事との関わりが増えてくると，当然それまでの労働者層に対する共感や一体感との矛盾を感じるようになってきます。つまりHRM担当者は，より戦略的になればなる程，労働者の擁護者ではいられなくなってくるのです。もちろんHRM部門のマネジャーにしてみれば，経営陣に加わり組織内で高い地位を得ることは好ましいことです。そのため，さらにシステム的で戦略的な思考を磨くよう努力をします。企業も，ただ単に人事に長けた専門性の高い担当者を雇うだけではなく，重要性の高い部門の1つとして，HRM部門で人的資源開発を学んだマネジャーと他の部門のマネジャーをローテーションさせたりするようになります。他部署を経験したHRM担当者はビジネス全体に対する幅広い視点が持てるよう

になり，また，経済的な価値観や経済的な戦略，ビジネス上の信念といったものが強化されます。

　先に述べた2つの役割の上では，ビジネスの大きな全体像を把握している必要はありませんでしたが，この戦略上のパートナーという役割においては，経済や経営の知識が不可欠になってきます。このようにHRM部門が経済面や戦略面に直接的に影響しているということは，多くの組織でトレーニングや人材開発といった役割がHRM部門に置かれているということをみれば明らかでしょう。つまり，新規採用者や中間管理職，上級管理職といった対象に対し大規模なトレーニングを行う際も，予算や企画に関するすべての決定権をHRM部門が握っているのです。

④善悪を判断するプロフェッショナルとしての組織開発者
　HRMのマネジャーは前述の3つのすべてに深く関わっていますが，4つめの役割はまさにそのHRM部門機能の専門職化ということになります。ここまでの役割では，従業員側に立つにしろ，管理する側に立つにしろ，経営側に立つにしろ，HRM部門も組織の一員であるというのが出発点となっていましたが，この4つめの役割においては，HRMの専門家としてのアイデンティティを強く持つようになってきています。つまり，他社のHRM部門との連携によって，専門家としての地位を高めていっているのです。

　HRM担当者は，他社の同業者ともお互いに見識を共有し連帯感を高めており，それは時に勤めている組織への忠誠心をしのぐものとなっています。かつて組織内での力を得ていったHRM部門が，こうした組織外での地盤を持つに至り，昨今のHRM部門は非常に大きな力を持つようになっています。2つめの役割では組織内の管理の専門家として，内部の効率化のための標準化を行っていましたが，4つめの役割では，HRMマネジャーが「これは専門的にいって正しいことであるから行う

べきである」という言いかたをするように変わってきています。

　組織の一員ではなく，専門家としての意識が強くなるにつれ，特定の信念をもつシニア・マネジャーとも衝突することも多くなってきます。例えば，経営陣がある職種について大卒の求人をしたいと思っていても，HRM マネジャーが「我々は他社の HRM 担当者からも専門的な分析に基づいた情報を沢山得ていますが，それによると新卒者は離職率が高いので，採用すべきではありません」と，経営陣が望まない，自分たちのやり方を主張するというような具合です。

　さらに専門家集団としてより高度に教育されていく中で，より大きな社会的な流れという視点で組織を見ることができるようになっていきます。これにより，経営陣から見れば HRM 部門はより重要な存在となってきています。彼らはより幅広い視点を持ち，組織内での人材開発について自分の雇用主に物申すこともあります。このような大きな流れの中で，組織に変化を迫る影響に対し，HRM 部門は変化をマネジメントするスキルを発展させていける唯一の存在ともなっています。

　ただ，このことは，新たな混乱の種にもなっています。変化をマネジメントするスキルには，創造力や革新性が不可欠ですが，これは 2 つめの標準化という役割とは相反するものです。そのため，多くの組織では組織開発や組織変革のマネジメントを発展させていく中で，HRM の機能を人的資源の管理部門と経営陣直属の組織開発の部門とに分ける傾向が出てきました。また別の相反する機能として，労使交渉の機能があります。労働組合を持つ会社では，労使交渉のスキルや交渉が HRM 部門下に置かれている場合もあれば，まったく違う部門が担当している場合もあります。

　開発部門出身者の常務取締役が HRM を担当するとうまくいくが，管理部門経験者などがそれを担当しようとすると非創造的でとても役には立たなかった，という経験をされた人もいるでしょう。私が様々な企業を見てきた中でも，組織開発や教育担当部門出身者が HRM のシニア・

マネジャーをしている場合はとてもうまくいくのですが，管理部門の中でも給与担当といったような部署の出身者では，現場を混乱させるばかりでうまくいかないようです．

　この4つめの役割を担える人間は，常に「今より良くなることができる」という信念を持っており，いつも前向きであるという特徴を持っています．また，この4つめの役割を担える人というのは，自分がHRMの4つの役割すべてを果たさなければならないということに気づいているでしょう．
　彼らは，労働者に常に敬意を払い，社会的な不公平に対して敏感でなければいけません．従業員の意識調査を行い，不平等が生じているようなら，そういった問題の対策部門に伝えたり，何か手を打ったりしなくてはなりません．また，2つめの管理者としての役割を果たす上では，ITや給与システムといった組織内のすべてのシステムについてベストな対応ができるプロでなくてはならず，時には改善のための予算を上司から取り付ける手腕も必要です．また3つめの役割でいえるのは，求められるべき雇用や教育，人材育成を研究し，確実に実行していかなくてならないということです．
　組織文化や経営方針の変化が必要な際には，社内のHRM部門がそれを行うこともできますし，組織文化の進化という複雑なものを成功させるために，組織開発の専門家を外部から雇うこともできます．この組織文化の進化という中には，組織のアイデンティティの確立やブランディング，広報活動といったものも含まれます．

## 4．最後に

　HRM部門は，過去50年に渡る機能の変遷の中で，従業員の公平性という非常に限られた事柄においてのみの影響力しか持たなかった時代

から，組織内で専門的な力を持つ主要な部門としてのプロ意識を持つようになってきました。今や，HRM 部門だけが外の社会とのつながりを持っており，外の社会の価値観を社内にもたらす唯一の部門となっている場合さえあります。グローバル化が進み，社会が複雑で多様なものになり，IT 化も進んでいく中で，この役割を果たすことは非常に難しくなっていくでしょう。しかし，これは困難であると同時に，とてもやりがいのある課題です。皆さんが，これに前向きに挑んでいっていただけたらと願っています。

# 第2章
# キャリア開発と人的資源管理の実践

シャインが語る PC によるマッチング

この章では，キャリア開発と人的資源管理の実践というトピックを，実例を挙げながら説明します。その中で折に触れ，プロセス・コンサルテーションによって組織のキャリア開発を進める助けをする方法についてお話しします（プロセス・コンサルテーション（PC）という技法については，第3章でより詳しく説明します）。
　最初に，一般的なキャリア開発のモデルについてご紹介します。まずは，労働力市場における，組織が仕事に求めるものと個人の技術や能力のマッチングという問題からスタートしましょう。

## 1. 職務と能力のマッチング

　組織と個人のマッチングのプロセスがうまくいくためには，何が必要となるでしょうか。まず組織は，自身の使命（ミッション）を理解し，職務を明確に定義していなければいけません。また，個人は，自分の能力を組織や社会が求めるものにまで高める必要があります。さらに，人的資源管理の方針や制度は，組織が求める能力と労働力市場の人材とをうまく調和できるシステムでなくてはいけません。

### 1-1. 個人のキャリア開発

　ではまず，個人が労働力市場に入っていく際のキャリア開発のポイントについてお話ししましょう。
　ほとんどの社会では，家族的な背景や学校教育を通して，どのような仕事につくかという選択に至るための道のりを学んでいきます。例えば医師や弁護士，技術者になりたいとか，こんな業種——例えば航空業界やセールス業で働きたいといった職業選択をし，その仕事につく能力を

身に付けるための教育課程を経て，自信を高めていきます。仕事につくまでは，家族や学校，文化といったものが個人への影響の主たるものですが，一旦就職すれば，個人のキャリア開発の大部分はその組織におけるキャリア開発に委ねられます。

次に，外的キャリアと内的キャリア，キャリア・アンカーの話に進みますが，その前に，その社会の持つ文化が，キャリアというものの考え方や，組織文化の中でのキャリアのあり方にいかに影響を及ぼすかを知っておかなければいけません。そのような，キャリア開発に影響を与える文化的側面を，欧米とアジアの違いを比較しながら，いくつか挙げてみます。

## 1-2．キャリアへの文化の影響

以下に示す文化による影響は，文化人類学者が様々な文化を研究し比較する際の重要な文化的側面として挙げたものが基となっています。
①個人主義・集団主義

キャリアへの文化の影響として，最も重要な側面は，個人主義であるのか，集団主義であるのかという点です。端的にいうと，個人主義社会では「グループが個人の犠牲に」なり，集団主義社会では「個人がグループの犠牲に」なります。アジアの国々は集団主義社会であるため，人々は元来欧米よりも他者に依存的です。
②権力の格差

次に挙げられるのは，権力の格差，つまり支配者と民衆との間の心理的な隔たりの大きさです。これは，上下関係の厳しさや，権限の範囲に反映されます。権力の格差の小さい社会では，部下も安心して上司に物申すことができますが，権力の格差の大きな社会では，部下は上司に反論どころか口をはさむこともできないでしょう。北欧諸国では権力の格差が非常に小さく，ラテン・アメリカやアジアの国々では権力の格差が

大きいといわれています。アメリカはちょうどその中間でしょう。

③計画対象期間

3つめは計画対象期間，つまり，時間的な見通しを立てる際のスパンの違いです。欧米諸国，特にアメリカでは短期的にものを見るのに対し，アジア諸国ではより長期的なものの見方がされます。

④ワーク・ライフ・バランス

4つめは，家族とキャリアの役割の違いです。個人の人生における家庭と仕事の比重（ワーク・ライフ・バランス）は，社会によって異なっています。アメリカではプライベートな時間と仕事をしている時間が完全に分けられていますが，日本や中国ではこの境界が欧米とは異なっているようです。

⑤性差（ジェンダー）

5つめは，社会や文化の中で，男である，女であることの違いがどれだけ大きな心理的違いを生むかということです。男女の役割が完全に分かれている社会もあるし，男女の役割がかなり重複している社会もあります。日本は，欧米諸国，特に北欧諸国やアメリカと比べて，男女の差が大きいとされています。

⑥年齢差

同じことが年齢の概念についてもいえます。欧米では，年長者と若者との違いが，アジア社会よりは小さいとされています。アジア諸国では，年長者と若者の違いが大きく，年長者に対しては尊敬の念が持たれています。

　

これらを踏まえて日本でのキャリアというものを考えてみましょう。まずは，集団に適応できることが重要視され，上を敬い，長期的な視点で忍耐強い人材が求められるということがわかります。また，日本では，仕事やキャリアがその人の人生を大きく定義づけるため，家庭は二の次という傾向が長らくありました。男女間の差も大きく，若者は低い

地位にとどまることを余儀なくされています。

　キャリアの分析を行う際には，このような文化的背景を理解していなければいけません。これを念頭において，次に進みましょう。

## 1-3．外的キャリアのステージ

　外的キャリアとは，個人のキャリアについて，外から見てどの段階にあるのかというステージ分けです。

　外的キャリアは，まず学生から始まり，次に新入社員になります。従業員になってまず数年は，仕事を覚えている最中の半人前（学習者）で，そのうちすべての仕事を習得してエキスパート（熟練者）といわれる段階に達します。さらに段階が進むとリーダー（指導者）となり，他の人々に仕事を教える立場となります。そこで成功を収めれば，管理職となります。さらに経営管理の能力がある人は，部長や役員，社長になることもあるでしょう。

　では，この外的キャリアに対して，個人の内部ではどんなことが起こっているのでしょうか。次に，これらの段階を進んでいく時の，内的キャリアの段階についてお話しします。

## 1-4．内的キャリアのステージ

　人は若い頃，自分は何でもできるのだと思っています。その後，経験を積んでいく中で，自分の興味や能力，適性がどんなことにあるのかが次第に分かってきます。就職活動をする頃にはどのような仕事がしたいかがはっきりし，その分野の就職口を探すようになります。実際に就職した後は，上司や同僚からの評価（フィードバック）によって，自分の仕事ぶりや適性を知ることとなります。

　こういったフィードバックを受けることにより，仕事を始めて5〜10年ほどで，組織の中での自分の立ち位置というものが分かってきます。そして自分に対するセルフ・イメージもはっきりしてきます。第1に，

自分は何が得意なのか，何に向いているのか．第2に，自分は何がしたいのか，何を得たいのか，そして第3に，自分はどういったものに価値を置くのか，ということです。

私は，ここで確立するセルフ・イメージ——自分の適性，動機，価値観といったものを，キャリア・アンカーと名付けました。就職して10年以上も経つと，そういったセルフ・イメージができてきて，まるで船の錨（アンカー）のように自分のキャリアの指針をつなぎとめるようになるからです。

このセルフ・イメージ＝キャリア・アンカーができあがると，それはその先，転職をするか否かといったようなキャリアの岐路において，様々な選択に影響を与えるようになります。人的資源管理のシステムは，これに応えるため，仕事の質に見合った報奨や報酬を定めると同時に，様々な職種の様々なキャリア・アンカーを持った従業員に対応したものでなければならないのです。

## 1-5．従来の人的資源管理システムの問題点

私は今まで様々な組織を見てきましたが，多様なキャリア・アンカーの人たちがいるという事実を踏まえず，全社員が同じキャリア・アンカーであるように対応する人的資源管理システムを持つ組織がほとんどだというのが実状です。しかし前述のように，異なったキャリア・アンカーを持ち，異なる種類の仕事に就いている従業員には，異なった人的資源管理システムが必要なのです。

それでは次に，様々なキャリア・アンカーの例を挙げ，人的資源管理システムを考える際にどのような点が問題になるのかをお話ししましょう。

## 1-6. 各キャリア・アンカーが求める人的資源管理システム

① 「専門・職能別コンピタンス」の従業員が求めるもの

　まずは，「専門・職能別コンピタンス」と呼ばれるキャリア・アンカーを持つ従業員についてです。彼らは，特定の分野の能力を持っていて，それを生かして働くことを望んでいます。また，仕事を通し，特定の能力をどんどん高めます。エンジニアや営業担当者，コンピューター・プログラマーといった職種がその典型で，常に自分の専門分野でのやりがいのある面白い仕事を求めています。

　彼らは，自分の能力に対し，市場価値にふさわしい給与を求めます（外的公平性）。例えば，銀行に勤める非常に有能な金融アナリストが，その優秀さと得難い人材だという理由で，その銀行の頭取以上の給料をもらうこともあるでしょう。

　また，彼らは，自分の才能を真に理解してくれる，同業種の仲間から認められることを求めています。上司，特にゼネラリストの上司には，部下の仕事の能力の細かな点までは理解できないからです。また彼らは，今持っているスキルを維持し，さらなる仕事にチャレンジしていくために，将来に渡って教育の機会を持つことを望んでいます。

　彼らの持つ問題点は，管理職（ゼネラル・マネジャー）に就きたがらないことが多いということです。管理職になると，自分が楽しんでできるような専門的な仕事から離れ，多くの部下の問題に対処するといった，このキャリア・アンカーの人があまりやりたがらない仕事をしなくてはならなくなります。能力の高い専門職を管理職に登用し失敗する例が多いのはこのためです。ですから，アメリカでは多くの企業が，こういった非常に能力のあるスペシャリストに対して，管理職につくのではなくそれと同等な専門職向けのキャリアの段階を設定し，相応の出世や給与が与えられるようにしています。

② 「全般管理コンピタンス」の従業員の求めるもの

　これと対照的なのが，「全般管理コンピタンス」というキャリア・アンカーを持つ従業員たちです。彼らは，いわゆる管理職（ゼネラル・マネジャー）タイプで，管理職や重役になることを目指しています。

　彼らは，組織全体を理解するために，沢山の部署を経験することを望みます。また，他社の同様な職種と比較するのではなく，部下よりもどれだけ高い賃金をもらっているかということが成功の基準になります（内定公平性）。

　専門・職能別コンピタンスの従業員には，よりやりがいのある仕事を与えられることが励みとなるのに対し，全般管理コンピタンスの従業員にとっては，より責任の重い仕事を任せられることが励みになります。

　専門・職能別コンピタンスのキャリア・アンカーの人間は，その仕事に長けていれば社会的には多少不適合であっても構わないこともありますが，全般管理コンピタンスのキャリア・アンカーでは，対人関係やグループ・スキルといったものが非常に重要になります。ゼネラル・マネジャーには，部下に気配りができるような人間性がなければいけません。

　良いゼネラル・マネジャーになるには，4つの要素が必要です。1つは，高いモチベーションです。ゼネラル・マネジャーの仕事は，とても大変です。2つめは，対人関係やグループ・スキルに長けていなくてはいけないという点です。3つめは，高い分析能力です。常に，不完全な情報しか得られない中で，決断をしなくてはならないからです。4つめは感情のコントロールのスキルです。ゼネラル・マネジャーは，非常に困難な決定をしなくてはならないことも少なくありません。例えば，古くからいる従業員を解雇しなくてはならないような場合です。または，2人の部下から同じくらい良い出来のプロジェクトが出され，どちらかを選ばなくてはいけない場合や，非常に大規模な予算に関わる意思決定で，何千人もの人間に影響し，ミスをすれば沢山の人々に損害を与えて

しまうような場合などでも，ストレスで心身を壊すことなく対処していくことができなければなりません。

③「ライフスタイル」の従業員の求めるもの

「ライフスタイル」を大事にするキャリア・アンカーを持つ人々は，近年，全世界的に増加しています。彼らは自分の生活のすべてをキャリア＝仕事に支配されることを好みません。男性の場合，往々にして自立したキャリアを持つ女性と結婚しており，お互いのキャリアを尊重し合っています。アメリカではこのライフスタイルのキャリア・アンカーがよく見受けられるようになってきました。女性の社会進出が進むにつれ，家庭内に夫婦それぞれ，2つのキャリアが存在することが多くなり，これが社会的な問題となってきています。日本でも特に東日本大震災後，ワーク・ライフ・バランスを求める人々が増加していると耳にしています。このようなキャリア・アンカーの従業員に対処するためには，人的資源管理システムがより柔軟性を持つ必要が出てくるでしょう。アメリカでは特に若い世代の女性のキャリア進出により，HRM部門が夫婦双方のキャリアや勤務先を考慮に入れる必要性に迫られています。従業員が誰かの配偶者であるということも踏まえ，パートタイムで働くことを許可したり，勤務地や勤務時間に何かしらの妥協をしたりするなどの柔軟な対応ができるよう，すべての人的資源管理システムにおいてさらなる歩み寄りが求められています。

④その他の5つのキャリア・アンカーのタイプ

上記の3つ以外に，5つのキャリア・アンカーのタイプがあります。

まず，「起業家的創造性」のキャリア・アンカーです。アメリカでは，若いエンジニアが起業家になりたいと思った場合，自身で起業し，よいパートナーや資金を探すことになります。日本ではこのような自由がどれほどあるのかはわかりませんが，他の国々ではよくみることがで

きます。

「自律・独立」のキャリア・アンカーの人は，大きな組織には勤めたくないというようなタイプです。大企業に勤めたことがあるけれども肌に合わなかったという場合もあるかもしれません。このタイプは，講師やコンサルタントになったり，フリーランスの営業担当者になったり，時にはすべてを捨てて国を離れたりといったことをします。

この2つのタイプ，起業家的な精神を持っていたり，独立志向のタイプの従業員を会社に引き留めようとしたりするのは，大きな間違いです。彼らは組織の中では決して幸せになれません。

また別の，非常によく見かけるタイプとして，「保障・安定」のキャリア・アンカーがあります。就職する際，多くの人は雇用の継続や安定，保障が得られることを望みますが，特にこのキャリア・アンカーの従業員は，安定や保障を得るためならば，どんなことでも組織の求めに応じるのです。

「奉仕・社会貢献」のキャリア・アンカーの人は，ある特別の価値観を持っています。彼らは，社会奉仕や環境，人権といったことのためになりたいと願っています。そして，自分の持っているその特別な価値観を満たすために仕事をします。

これは余り見ないタイプですが，「純粋な挑戦」というキャリア・アンカーもあります。キャリア全体の主眼を，困難なことに挑戦したり，常に競争に勝ち進むことに置いているような人々です。より困難な課題に取り組んでいくことが彼らの生きがいです。このタイプのエンジニアに「これはまだ誰も成功していないことだ」などと言うと，俄然そのことに興味を持ったりします。

このように見ていくと，従業員には様々なニーズがあるということが，よく分かるでしょう。それでは，それに応える人的資源管理システムはどのようなものであるべきでしょうか。

### 1-7. 理想的な人的資源管理システム

まず重要なのは，たとえ弁護士や医師，エンジニアといった同じ仕事をしている人々でも，そのキャリア・アンカーは様々に異なっているということです。そのため，理想的な人的資源管理システムを考える際には，様々な従業員が様々な能力や動機，価値観──様々なキャリア・アンカーを持っていることを理解していなければいけません。

また，組織の中の様々な種類の仕事について，どのようなキャリア・アンカーが求められる仕事なのかを分析できるようなシステムが必要です。例えば仕事の中には，他の人々との関わりの少ない仕事や，出社する必要さえないような仕事も沢山あります。こういった仕事は自律・独立のキャリア・アンカーを持つ従業員には，業務内容とキャリア・アンカーがマッチした最適なものとなるでしょう。

また，様々な仕事があり様々なタイプがいるように，当然，人的資源管理システムも多様でなくてはならず，様々な報奨や報酬のシステムが必要になります。例えば，優秀な技術者に対しては，公式な昇進よりも，特別な加給や，個人の研究室，学会出張の費用を増やすなど，従来の報酬とは違った形での報奨が必要なのかもしれません。

## 2. プロセス・コンサルテーションの技法によるマッチング

それでは，個人と組織のマッチングのために，プロセス・コンサルテーションが人的資源管理の分野で組織の中で果たす役割とはどのようなものでしょう。

まず第1に，様々な階層にいる個人に対し，キャリア・アンカーを明らかにしていく助けとなることが挙げられます。個人は自分自身のキャリア・アンカーをはっきり分かっていないことが多く，そのため会社も十分な情報が得られないままに人的資源管理をしているということが，

現状における問題点です。例えばコンサルタントは，従業員ひとりひとりが自分自身のキャリア・アンカーを明らかにするよう導き，そこで得た情報を上司や会社に伝えるというシステムを確立することがマッチングの第1段階となります。

また別の役割として，幹部層と一緒に，その組織の使命や果たされるべき本分といったものを分析し，それぞれの仕事に適切なジョブ・ディスクリプション（職務記述書）を作り上げるということがあります。その際，ジョブ・ロール・アナリシス（職務と役割の分析）という視点でその仕事の本質を分かりやすく部下に伝えなくてはなりません。また，幹部層と一緒に，様々なキャリア・アンカーに即した多様な報奨・報酬システムを含んだ，適切な人的資源管理システムを作成することも重要です。

上司と部下が，キャリア・アンカーとジョブ・ロール・アナリシスという共通の視点を持ち話し合うことができたなら，それがマッチングできているのかいないのかということが分かり，次のステップとして何をしていくかということを決めることができるようになります。時には，キャリア・アンカーと実際の仕事がミスマッチだとしても，何かしらのインセンティブなどで調整を図ることができる場合もあります。実際には自分のキャリア・アンカーとは異なるにもかかわらずその仕事をしている人たちも沢山います。例えばアメリカでは，副職や様々な種類の趣味によって自身のキャリア・アンカーを満たしている人もよく見かけます（キャリア・アンカーとジョブ・ロール・アナリシスによるマッチングについてより詳しく知りたい方は，本書の姉妹本『キャリア・カウンセリングの進め方』をご参照下さい）。

コンサルタント（またはHRM部門などでコンサルタント的立場を求められる人）には，このマッチングの支援の際にどのようなことが求められるでしょうか。プロセス・コンサルテーションでは，コンサルタン

トは，企業側のプロセスに関わる役割と，個人にコーチングをする役割の両方を果たさなくてはいけません。コンサルタントの皆さんの多くは，好き嫌いや得手不得手があり，このどちらかだけを担当したいと思われるかもしれません。しかし，プロセス・コンサルテーションでは，ひとりのコンサルタントが，個人と関わっていくスキルやグループと関わっていくスキル，もっと大きなシステムと関わっていくスキルといった，すべてのスキルを持つ必要があります。私からみると，これがすべて揃って，プロセス・コンサルテーションのスキル・セットとなるのです。

プロセス・コンサルテーションでは，クライアントのシステム全体に対し次に何をしなくてはならないかは，コンサルタントにさえあらかじめ分かっているわけではありません。状況に応じ，何事にも柔軟に対応するためには，どちらか一方のスキルを持っているだけでは不十分です。ひとりのコンサルタントが両方をできないと，対処できない分野についてクライアントからの依頼があった場合，誰か自分以外の適当な人を見つけたほうがいいということを認めざるをえないという，恥ずかしい事態に陥ってしまいます。

プロセス・コンサルテーションとは，組織開発の基本スキルであり，広い意味での組織開発の要となるものです。これを行うコンサルタントは，単なるカウンセラーやコーチにとどまらず，グループ操作や大きなシステムのファシリテートもこなせる組織開発の専門家なのです。ですから，これらすべてのことをできるように自分自身を鍛えていく意志がないのならば，コンサルタントを自称すべきではありません。コーチだとか，カウンセラー，グループ・ファシリテーターといった個々の専門職を名乗るべきです。

個人やグループ，組織に働きかけるスキルのすべてを持つことがいかに重要かということを，「サクセッション・プランニング」（後継者育成計画）の場合を例に出して説明しましょう。

英国王立科学研究所において，将来のプラント・マネジャーについて，どのような適性が必要かということを検討しているグループがありました。プラント・マネジャーは非常に専門的な仕事だと思われており，その候補者は当初，全員が実績を収めてきた優秀な科学技術者たちでした。

　私はプロセス・コンサルテーションを用いて，このプラント・マネジャー候補の選出をお手伝いする依頼を受けました。そこで，現役のプラント・マネジャーや過去にプラント・マネジャーだった人，それ以外でプラント・マネジャーと一緒に仕事をしている人などから5〜6人のメンバーを集めました。

　そして，ジョブ・ロール・アナリシスのための，ロール・マップ（役割マップ）を作成していきました。まず，ホワイトボードの中心にプラント・マネジャーを描き，その周りに，これからの数年でプラント・マネジャーに何かしらの期待事項を持つと思われる人々を挙げていってもらいました。そして，この先プラント・マネジャーに期待されると考えられる事項を，それぞれの人からの矢印として書き出しました。

　それによって，将来のプラント・マネジャーに求められる様々な役割が明らかになりました。1つは，この先労働組合が力を増していくだろうから，プラント・マネジャーは組合との厳しい交渉に耐えうる人物でなくてはいけないということでした。また，今後政府が，プラント・マネジャーに対し安全性の強化を目的とした新しい規制を加えるようになり，監査が厳しくなり，プラントへ査察が入るなど，安全性の問題がプラント・マネジャーに突き付けられるだろうということも分かりました。さらに，この組織のプラントのある地域で，今後環境問題に関する目が厳しくなり，低公害化や環境税の支払い，あるいは別の規制が地域社会から求められるようになるだろうとのことでした。最後に，プラントで使われる科学的技術は，日々新たなものになるので，今のプラント・マネジャーや将来のプラント・マネジャーにとっても，未知のもの

になっていくだろうということが分かりました。

　このジョブ・ロール・アナリシスによって，私たちは，プラント・マネジャーとは，労働組合と，政府と，地域社会と，そして自身の部下である技術者たちと，常に交渉をしなくてはならない立場なのだと気づきました。つまり，将来のプラント・マネジャーに必要なのは，科学的知識よりも優れた政治力だったのです。そういった視点で次世代のプラント・マネジャーとして挙げられていた候補者たちを見てみると，どれも技術畑の人間であり，誰一人，政治的手腕を持っておらず，全員が相応しくないということがわかりました。そのため，従来のサクセッション・プランそのものを根本から見直さなくてはならなくなりました。

　よい組織の中では，将来重要なポジションに就かせる人々を計画する際に，役割のネットワークという視点で各々の業務が分析されています。こういった場面でのプロセス・コンサルテーションの役割は，その業務が将来的にどういったものになるのかということを，社内のグループと一緒に明確にしていくことです。

## 3. キャリア開発における日本の現状

　ではここで，ここまで述べてきた事柄について，特に日本での現状について考えてみましょう。

### 3-1. 専門・職能別コンピタンスの増加による影響

　まず，日本でのキャリア・アンカーと人的資源管理システムの関係についてです。個人主義的な欧米諸国では，個人主義的な専門職の人々についてのキャリア開発は比較的容易でしょう。しかし，より権威主義的で画一的，集団主義的な文化を持つ日本の組織の中で，個人主義的な専門職の人の問題をどう扱っているのかという点に，私は非常に興味を持っています。

よく見られるキャリア・アンカーのタイプとして，専門・職能別コンピタンスと全般管理コンピタンスの2つを紹介しましたが，日本の組織では，専門・職能別コンピタンスのキャリア・アンカーを持ち，管理職にはなりたくないという人々へはどのような対応をしているのでしょうか。

　日本でも，1990年代の終わり頃から，各企業が人事の複線化を取り入れ始め，技術系の人は技術のプロフェッショナルとしてランク・アップをしていくような制度を持つ企業も出てきたようです。しかし，ただ分けるだけでは余計に混乱を招き，なかなかうまく機能していないのが実状だと聞きました。また，最近は専門・職能別コンピタンスのキャリア・アンカーを持つ人が増えており，複線化された人的資源管理システムを持つ会社でも，彼らに管理職になってもらおうと，様々な対策を打っているそうです。

　また，そもそも日本では，何になりたいかということによって職業を選択することからキャリアが始まっていないことが多いようです。職業ではなく会社や組織を選択して入社し，そこでなにをするかは会社が振り分けるという形式が伝統的なため，最初から必ずしも本人の希望に沿った職種につけるわけではありません。そのため，中年になってから「実は自分のやりたいことは別のことだ」という声が出てくるようです。日本の企業内のコンサルティングで最も多いのは，「この仕事は合わない」「自分はこんなはずじゃなかった」というタイプの相談事ですが，これはキャリア・パスの複線化だけでは対応できない問題です。

　この問題を解決するためには，企業の側で，まずひとりひとりの従業員の潜在的能力について把握し，よく理解した上で，従業員の求める様々な専門性に対応できる，複合的なキャリア・パスを実現しなければならないでしょう。例えば，優秀な専門職に管理職になることを納得させる際には，管理職として失敗したときには，またもとの専門職に戻れるようなルートを用意しておかなければならないということです。

これに対し，管理職になることだけが昇進であるような会社では，状況はどんどん厳しくなっています。有能な技術者が他社に流出してしまったり，技術者としては有能でも管理職には向いていない場合などにより，優秀な技術者がどんどん減り，かわりに無能な管理職が増えることになってしまうからです。

　このことは，以下の2つの要因により，より深刻な問題を招きます。1つめの要因は，組織の中のどの仕事も，今後さらに専門的にまた複雑になっていくということです。2つめは，個人主義です。自分自身のキャリア・アンカーを満たすために今いる会社を辞めてしまう人々は世界規模で増大しており，日本もまた例外ではないでしょう。

### 3-2．後継者育成における変化

　先程，プロセス・コンサルテーションとサクセッション・プランニング（後継者育成計画）の話をしましたが，日本の企業でも，次世代経営者の選抜育成において，プロのマネジャーを育てようという流れが非常に大きなブームとなっているようです。日本企業は，マネジメント分野の人材の不足に対し，個人主義に近い選抜型教育によって，この問題に対処していこうとしています。これは，日本の集団主義・平等主義を突き崩す1つの流れであり，日本の人的資源管理がパラダイムシフトの時期に差し掛かっているのではないかと感じています。この流れは，個人のキャリアや自立といったものにもつながっていくでしょう。日本は集団主義だと受け止められがちですが，次世代経営者教育に関しては，個人主義的な，選抜した特定の人材でする教育というのがブームになっているということのようです。

　ただし，この場合，一般的な管理職と技術的な管理職をはっきりと区別しなければならないでしょう。工学にしろ金融にしろセールスにしろ，どの技術部門をとっても非常に複雑になっていく現状で，その技術を十分に理解した上で，部内をきちんと統括できる専門的なマネジャー

が求められています。技術職の従業員は，自分の仕事に対する技術的な知識を持っていない上司を軽視する傾向があるからです。

　これからの組織では，様々なキャリア・アンカーを持つ人々を許容し，全員がゼネラル・マネジャーになるのではなく，それぞれが自身の求めるキャリアを実現できるような，複数の報奨制度を取り入れていくことが鍵になるでしょう。

　例えば，日本の技術者は，入社してからずっと同じ会社で過ごすというのが，長らく一般的でした。そのため，会社としては，専門・職能別コンピタンスのキャリア・アンカーを持つ従業員に対しても，外的な公平性よりむしろ内的な公平性にウェイトを置いて気を遣ってきたようです。技術者には，もちろん，マネジメントが苦手な人，マネジメントを志向しない人も多数います。それに柔軟に対処するため，同じ管理職でも，いわゆる部下を預かる管理職と，部下を持たないで研究に専念する管理職の2つを設定している会社もあるようです。また，会社員でありながらノーベル賞を受賞された島津製作所の田中耕一氏のように，特に突出して専門性の高い人に対して，一般のマネジャーよりも高く処遇し，また社外的にも特別な呼称を使うことで社会的な認知も高めるように努めている会社も出てきています。このような高い能力の技術職の人々に対しては，さらなる給与や地位，研究費など，管理職への昇進以外の何らかの報奨制度というものが重要になるでしょう。

## 4．組織文化とキャリア・システム：3つの事例

　第1章では，その国の文化的要素や会社の基となる技術が，組織文化や基本的想定に影響を与えるという話をしました。キャリアについてもそれは例外ではありません。それが顕著に表れている事例を3つ，以下に示します。

## 4-1. デジタル・イクイップメント社 (DEC)

アメリカのコンピュータ企業であった DEC のキャリア・システムでは，創造力を持ったクリエイティブなエンジニアがヒーローでした。一方，マネジャー層はサービス・グループのような存在で，Administration（運営）と呼ばれていました。これは他の科学産業でも同じで，例えばベル・システム社の研究所であるベル・ラボラトリーでは，技術者と事務管理のメンバーが明確に分けられていました。そこでは地位も名誉も科学技術スタッフのもので，マネジャーというものは，CEO に至るまでが創造的な科学技術者よりも低いステータスに甘んじていました。私が起業家的創造性のキャリア・アンカーを持つ DEC の CEO ケン・オルセンと初めて会った時，彼は「私たちの使命は，新しい科学技術を持ったコンピューターを創り出すことで，それに必要なのは，優秀な設計者であるエンジニアだけだ」と言っていました。

DEC は新しい従業員を雇うとき，10 人ほどの面接官との面接を行っていました。それぞれの面接官は，候補者の技術的なスキルと，積極性を評価します。DEC は，積極的に仕事ができる者だけが残っていけるような文化を持っていたからです。また，特に優秀なエンジニアのために，特別なキャリア・アップのしくみがあり，シニア・エンジニアクラスになるとさらに待遇が上がり，CEO であるケン・オルセンと同等の給与が支払われることもありました。また，エンジニアが管理職を希望すれば，それが許可される上，もし管理職としてうまくいかなかった場合は，エンジニアとしてのキャリアに戻ることが可能でした。

DEC の文化は非常に強力なもので，新入社員を教化するための特別な導入プログラムも行われていました。先輩従業員が，様々な質問を受けながら DEC での仕事とはどのようなものなのかを伝え，新人が DEC の文化に適応できるように教育していたのです。DEC での当初の私の役割は，DEC のスタッフとともに，この教化プログラムを最適なもの

にするということでした。

　ケン・オルセンはまた，毎四半期に山荘で新戦略を練り直すということをしていました。ケン・オルセンは私に，優秀なアシスタント数名とこの3日間の会議の計画を立てるようにという依頼しました。このように，私が実際にDECで果たした役割は，「プロセス・コンサルテーションでは，ひとりのコンサルタントが様々な仕事を並行して行う」ということをよく示しています。

　DECの文化の際立った点の1つとして，誰かに仕事が与えられた場合，すべての責任が彼に委ねられるということがありました。キャリア開発の視点からみると，DECでは，自分自身の仕事の全責任を負えるような強い人間のみが生き残ることができたと言えます。ケン・オルセンをはじめとするマネジャー層は，それぞれが自身の仕事を完璧に統括することを重要視していました。例えばある会議で，生産ラインのマネジャーが，財務部門のマネジャーに，在庫が超過しているという指摘を受けた時，ケン・オルセンは生産ラインのマネジャーが他の部門から指摘されるまでこれに気づけなかったことに激怒しました。ケン・オルセンはこのマネジャーに「あなたは自分のすべきことを分かっているはずだ。自分の仕事は自分自身が全責任を負って管理しなければならないのだから，自分よりも地位の低い財務マネジャーに頼るべきではない」と言いました。このように，DECのキャリア・システムというものは，その組織文化の中のステータス・システムに大きく影響されていました。そしてその背後には，DECの事業の根幹であるテクノロジーそのものがあったのです。

## 4-2．チバガイギー社

　次にDECとは対照的なチバガイギーという会社の例をご紹介します。チバガイギー社はDECとはまったく異なったテクノロジーに基づいた組織文化を持っていたため，キャリア・システムもまたDECと

まったく異なっていました。

　化学製品や写真関係，薬理分野におけるいくつかの素晴らしい発明が，この会社の歴史をよく表しています。この会社でのヒーロー像は，化学分野で博士号を取ったような人でした。しかし，この会社の運営は，徐々に，弁護士やスイスの財務家といったような人々の手に委ねられるようになっていきました。そのため，チバガイギー社で成功するためには，優秀な科学者であるか，優秀な法務・財務の専門家でなければならないという状況になりました。興味深いことに，DEC でもチバガイギー社でも，セールスやマーケティングの部門は，社内では低く見られていました。ですから，マネジャー層の中にも，マーケティング部門に熱意を持って取り組もうとする人はいませんでした。DEC の CEO ケン・オルセンは「マーケティングというのは，いつもお客に嘘を言うようなひどい部門だ」と常々言っていました。ここでのポイントは，会社におけるキャリアというのは，その会社の歴史や文化に非常に影響を受けて成り立っているということです。

　この例として，IBM の話を簡単にします。IBM は技術力の会社として知られていますが，実は営業担当者が始めた会社なのです。ですから，実際には長年に渡り，そこでのヒーローはセールスやマーケティング部門の人々でした。このようにその会社の歴史や文化を知らなければ，その組織がどういったキャリア・システムを持つのかを知ることはできないのです。

　チバガイギー社は，従業員がもっと革新的な創造ができるように，キャリア開発のシステムの 1 つとして，キャリア・アンカーやジョブ・ロール・アナリシスを活用することを決定しました。そこで，従業員が使いやすいようドイツ語に翻訳された私のキャリア・アンカーの冊子を使い，マネジャーやシニア・マネジャーたちに，キャリア・アンカーのテストをし，自分自身のキャリア・アンカーをはっきりさせるよう命じました。そして，キャリア・アンカーの考え方を共通用語として，上司

と部下でキャリア・プランのディスカッションをすることになりました。また，従業員がキャリア・アンカーに基づいた仕事ができるような，より良いジョブ・プランを構築するため，全員がジョブ・ロール・アナリシスを行い，それぞれの仕事がこの先どのようなものになるかを考えました。

　私には，チェンジ・プロセスの管理を行うタスク・フォースについて計画するよう依頼がありました。さらに，チェンジ・プロセスを行うシニア・マネジャー層からは，彼らの提案した変化が世界各地においてもちゃんと遂行されるようにするためのサポートをするよう要請されました。8人のタスク・フォースのメンバーと私は，世界のすべての子会社について，このメンバーの中の2~3人が直接訪れ，プロジェクトを完遂するようメッセージを伝えることを決定しました。

　最後に，若い幹部候補に2~3年の海外勤務を経験させることが，彼らのキャリアにおいて役に立つのかどうかを知りたいという依頼がありました。そこで私はHRM担当者と共に，上位200名位の社員について，いつどのくらいの期間海外勤務をしたか，それが彼らのキャリアにどのように影響したかを調べる研究プロジェクトを行いました。そうしたところ，入社して早い時期に海外勤務を経験した社員は，その後出世していくなど，キャリア面において非常に良い結果が出ることが分かりました。そこで彼らは，若い有能な社員に対し，入社10年位の間に海外勤務を経験させる慣習を継続することに決定しました。

## 4-3．大手電力企業

　3つめの事例は，外的な事情によって仕事が変化してしまったというケースです。この会社は大手の電力会社で，長年アスベストを使ってきたことによって，公害問題で糾弾されていました。裁判所から，アスベストなどの有害物質を規制する新しい法律に従い，環境にやさしい事業を行うよう命じられたため，クリーンな技術を取り入れ，全従業員にそ

れを徹底しなければいけなくなりました。

　この事例では，企業の業務方針を変えることにより，組織文化やキャリア・システムまでが変わっていくこととなりました。

　この会社の従業員のほとんどは，電気工やガス管工，蒸気管工であり，彼らは電気やガス，蒸気についての高い技術力を持っていました。しかし，彼らが町中を車で移動することで，車の変圧器のオイルが道路に撒き散らかされ，歩道までを汚染しているということが問題となっていました。新しい環境保護法では，車両がガソリンや変圧器から漏れたオイルで道路や歩道を汚した場合，2時間以内にそれを洗浄することが義務付けられていましたが，路面に何かが溜まっていたとしても，それが有害なオイルなのか水のような無害なものなのかは，従業員でさえ分からないという状況でした。そのため従業員たちは，路面の物質が洗浄の必要なものなのかどうかを見分けるといった，今までの仕事とは関係のないトレーニングを受けなくてはならなくなりました。会社は汚染物質について報告を怠ったり，洗浄を行わなかったりした従業員を厳しく指導しなくてはならなくなりましたが，「今まで自分の仕事じゃなかったことを今更やれと言われ，それをしないと罰せられるのか」などと従業員が言うため，これはなかなか難しい問題でした。また，この会社では従業員はグループで仕事を行うことが多かったのですが，2~3人のグループで仕事をしていた場合，2人が「これは洗浄をしなくてはいけない」と言うのに，1人だけが「誰も気づかないだろうから，そんなことは必要ない」と主張して対立するという場合なども，問題となっていました。

　そこで，最も厳しい処分として，汚染物質の報告や洗浄をしなかった従業員を即時解雇するという罰則をもうけました。このような厳しい規律を作ってやっと，これまでのやり方からは変化しなければならないということが，徹底されるようになったのです。また，協力し合って洗浄を行ったチームは，1か月に一度表彰されることになりました。選ばれ

たチームは表彰式とランチに招待され，社長から賞賛の言葉を受けました．このように，新しい文化を創り出す際には，新しい行動を積極的に推進するような報奨も必要なのです．

以上の3つの事例から，組織文化というものが，組織のキャリア・システムや，どのキャリアが高いステータスを持つのかといったことさえも決定するということがわかるでしょう．そのため，組織文化が変われば，その組織で重用されるキャリアも変化します．チバガイギー社が化学製品から薬品へと軸足を動かす際には，販売部門が重要性を増し，会社は有能なマーケッターを雇ったり，優秀な営業担当者を訓練したりといったことをし始めました．

## 5. 最後に

最後に，これこそがプロセス・コンサルテーションのキャリア開発への応用だという事例をご紹介しましょう．

ある会社が私に，「エンジニアを雇っても1～2年の内に辞めてしまうのだが，なぜだかわからなくて困っている」と相談してきました．私が従来型のコンサルタントであれば，従業員に色々とインタビューを行い，その結果をレポートにして報告したでしょう．ただこの方法では，従業員から正直な話が聞き出せなかったり，一般的ではあるがその会社の組織文化にそぐわない解決法を私が提案してしまったりする危険性があります．そこで私はプロセス・コンサルテーションの手法にのっとり，この会社が辞めてもらいたくないと思っているような若いエンジニアたちを集め，Tグループを行い，この問題を任せることを提案しました．

私は10名の若いエンジニアで構成されたタスク・フォースと共にプロジェクトを進めることになりました．私は彼らにインタビューの仕方

を教え，彼らは自分たちと同じような若いエンジニアに対し，どうしてこの会社で幸せに感じることができず離職してしまうのかをたずね，その理由を明らかにしていきました。報告書を作る頃には，その若いエンジニアたちは，自分の会社の組織文化や自分たちのキャリアについてよく理解し，経営陣に対してどのような変革が必要なのかを提言することができるようになっていました。

　これこそが従来のコンサルテーションとプロセス・コンサルテーションの違いが分かるパーフェクトな例です。従来のコンサルタントが分析と報告を行うのに対し，プロセス・コンサルテーションでは組織が自らの手で問題解決ができるよう援助をするのです。そうして生まれたものこそが，その組織文化の中では最も有効な解決法となりえます。

# 第3章 プロセス・コンサルテーションという技法

シャインが語るPCの正しい理解と用い方

プロセス・コンサルテーションは私が開発したコンサルティングの技法です。組織開発（OD）や人的資源管理では，このプロセス・コンサルテーションによって組織文化を理解することが非常に重要ですが，日本でのプロセス・コンサルテーションの理解は，言葉の知名度ほどは進んでいないようです。

　第3章では，第4章で解説するプロセス・コンサルテーションを活用した組織文化の分析方法を学ぶ前に，プロセス・コンサルテーションが組織の中の対人関係にどのように作用するものなのかを知り，プロセス・コンサルテーションに対する理解を深めていただきたいと思います。

## 1. プロセス・コンサルテーションはTグループではない

　最初に，誤解されている方が多いようなので，ここではっきりとお伝えしたいことは，「プロセス・コンサルテーションとTグループは違う」ということです。プロセス・コンサルテーションは，私のDECでのコンサルタントの経験等から出てきたもので，そこではグループでの話し合いがキーポイントになったため，混同されている方が多いのかもしれません。

　しかし，プロセス・コンサルテーションをすれば，必ずTグループが解決法になるというわけではありません。プロセス・コンサルテーションから導き出される解決が，ファイナンシャルのシステムの変更や組織の構造の変化の場合もあれば，もちろんTグループによる変化の場合もあります。もしかしたら何も起こらないかもしれません。プロセス・コンサルテーションの結果，何が起こるかはわからないのです。こ

の意味で，プロセス・コンサルテーションとTグループや組織開発はまったく独立のものであると，明確に区別してください。

プロセス・コンサルテーションとは，クライアントが，クライアント自身によって，クライアント自身のために，クライアントができることをするように，キャナライゼーション（水路づけ）することなのです。

## 2. プロセス・コンサルテーションの原則

クライアントは，何かしら問題が起こっていることに気づいていても，真の問題は何かということには気づいていないことが少なくありません。また，コンサルタントが何を提供してくれるかということも，十分に理解しているわけではありません。何かしらの問題解決や改善の意志はあるものの，そのためにどうしたらよいかということはわかっていないのです。従来型のコンサルタントとして，専門知識を提供するというスタイル（エキスパート・コンサルテーション）がありますが，このようなクライアントが，何の専門家に依頼をすればよいかを適切に決めることがはたしてできるでしょうか。また，組織にはそれぞれ固有の特徴があるため，専門的なことだけを考慮した解決方法が，その組織に合った解決法であるとは限りません。

従来型のコンサルタントとして，問題の診断から解決方法の提示までコンサルタントが行うというスタイルはごく一般的なものです。しかし，自ら問題を理解し解決方法を見つけたのではない限り，クライアントはそれをなかなか実行しようとはしませんし，一旦それを実行し問題を解決できても，問題が再発した場合には自力で対処できません。

プロセス・コンサルテーションの果たす本質的な役割とは，上記のようなことを避けるため，クライアントが自力で組織の改善を継続できるよう，組織の問題をどう分析しどう対処するのかというスキルをクライアントに伝えることです。

私は，拙著 *Process Consultation Volume II: Lessons for Managers and Consultants*（『プロセス・コンサルテーションの実際（仮）』白桃書房近刊）において，プロセス・コンサルテーションの原則を以下のように書いています。

　　プロセス・コンサルテーションとは，コンサルタントのスキルであり，クライアントがこのコンサルティングが有意義なものだと思えるよう，クライアントとの良好な関係を構築したいというコンサルタントの意志である。これによって，コンサルタントとクライアントは共に，クライアントを取り巻く環境で起こる重要な出来事に注目することができるようになる。また，コンサルタントは，クライアントの重要な組織プロセスを診断し，クライアントの組織への影響力を増大させるような介入を行えるようになる。

　一言でいえば，プロセス・コンサルテーションというものは側面的支援（イネイブル），つまり，クライアント自身で問題に対処できるように支援をすることです。問題解決の方法を知っているのは，クライアント自身であり，それをクライアントが見つけ出せるように助けるのが，プロセス・コンサルテーションにおけるコンサルタントの役割です。その意味で，ただ専門知識を提供するだけだったり，コンサルタント側から問題点の診断や解決法までを提示してしまったりするような，全面的支援による従来のコンサルテーションの形とは，大きく異なっています。

## 3．プロセス・コンサルテーションの典型的なプロセス

　図表3-1は，プロセス・コンサルテーションにおける，プロジェクトの典型的なプロセスです。
　まず，①「クライアント組織との初めての接触」の前に，事前アセス

① クライアント組織との初めての接触
　　↓
② 率直な質問と傾聴
　　↓
③ コンサルタントとクライアントとの人間関係の確立と心理的契約の明示
　　↓
④ コンサルティング活動の環境と方法の選択
　　↓
⑤ 診断のための介入とデータ収集
　　↓
⑥ 対決的介入とデータの収集
　　↓
⑦ 介入行動の縮小と終了

**図表 3-1　プロセス・コンサルテーションの典型的なプロセス**


メントは行いません。コンサルタントが予断を持ってしまうことは、コンサルタント側の決めつけや押し付けにつながりかねないからです。また、コンサルタントが最初に接触する相手として望ましいのは、組織内で影響を持ち、コンサルタントの導入に前向きであり、問題や症状を認識しており、コンサルティングというものに理解のある人々です。

②「率直な質問と傾聴（pure humble inquiry）」は、プロセス・コンサルテーションにおいて、最も重要なポイントです。大切なのは、まずは、クライアントが言っていることをよく聞いて、彼らが何を問題だと思っているかということに静かに耳を傾けることです。決して、問題点や解決方法をコンサルタント側から押し付けてはいけません。

プロセス・コンサルテーションにおけるクライアントの関係は、最初の信頼関係が成立するまでの間（①〜③）は、カール・ロジャースの規定している「対等で共感し合う関係」に非常に似ています。そのため、

> ① 個人間コミュニケーション
> ② グループ（部門間グループ）の形成と維持
> ③ グループでの問題解決と意思決定
> ④ 規範と文化
> ⑤ マネジャーのリーダーシップと影響力
> ⑥ 個人の業績の評価方法とフィードバック
> ⑦ グループ間競争
> ⑧ メンターシップ

**図表 3-2　プロセス・コンサルテーションで注目・介入すべき対人関係**

日本では一部でプロセス・コンサルテーションとロジャースの共感的理解との混同もあると聞きましたが，両者は決して同じではありません。特に⑤「診断のための介入とデータ収集（collecting data for pure humble inquiry）」や⑥「対決的介入とデータの収集（confrontative intervention and collecting data）」は，プロセス・コンサルテーションのプロセスにおいて，際立った特徴です。

　また，プロセス・コンサルテーションを進めていくにあたり，コンサルタントが特に注目・介入すべき組織内の対人関係があります。それらを図表 3-2 に示します。これらの対人関係における文化的特性は，組織によって様々であり，それが結果に与える影響は非常に大きいため，これを考慮に入れないと，不完全なコンサルティングに終わってしまいます。

# 4. コンサルタントとクライアントによるチームで行う問題の分析プロセス

　プロセス・コンサルテーションのクライアントの種類は，大きく分けて，個人の場合（特にヘルピングと呼ぶこともあります），NPO や公企

第3章　プロセス・コンサルテーションという技法

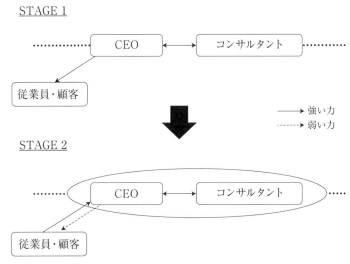

**図表3-3** プロセス・コンサルテーションにおけるコンサルタントとCEOの関係

業の場合，中小企業の場合，そして大企業の場合の4つがあります。

では，大企業の場合を例に，コンサルタントがクライアントのシステムと何をしようとしているのかをみていきましょう。アメリカでは，企業のコンサルティングをする場合の最初のクライアントは，その組織の長，つまりCEOなので，それにのっとって説明しますが，日本では，各部門のマネジャーなどが直接のクライアントとなる場合が多いでしょう。

まずステージ1では，コンサルタントは組織の外に位置し，両者は分離した状態です。この段階では，CEOがビジネス上の問題についてコンサルタントに話し，コンサルタントはCEOが問題を明確にし，どのような行動が問題となっているのか具体的に表現できるよう指導をします。気をつけなくてはいけないのは，多くのコンサルタントがこのステージ1で過ちを犯すということです。コンサルタントが自分自身の理念の下で性急に推定してしまったり，実際の行動に照らし合わせること

なく，CEOによる一般的な分析を受け入れてしまったりしがちだからです。

ステージ2ではコンサルタントとCEOが同じ枠の中に示されているように，お互いが共に次のステップを設計するチームとして，問題を解決しようとしています。CEOとコンサルタントがチームとなり，良い信頼関係を作っていきます。そのためにコンサルタントには，そのような人間関係を構築できる力が必要です。このステージ2において，CEOとコンサルタントが一緒になって解決を見出していくということが，結果的に従業員や顧客の行動に対しても影響を及ぼしていきます。

その次の，ステージ3においては，組織文化が分析され，その変革が計画されます。しかし，その際の主導権はあくまでCEOにあり，コンサルタントの手助けを受けながら，CEO自身が変革のプロセスを設計します。なぜならば，その組織の文化を理解しているのは，CEO自身だからです。

ほとんどの企業のCEOは，このプロセスをコンサルタントなしで自分ひとり，または上層部と共に行っています。ただ，驚くべきことに，CEOや上層部の人々の多くは，自分たちの産業における技術的なノウハウについては充分に熟知している一方で，組織内の対人関係をうまく扱うことが不得手です。また，組織の文化の中にどっぷりと浸かっていると，それが当たり前のこととなり，自分たちだけではそれになかなか気づくことができません。コンサルタントは，プロセス・コンサルテーションによってそれに気づくことをお手伝いすることになります。

## 5. クライアントの種類による
##   プロセス・コンサルテーションのポイント

プロセス・コンサルテーションにおける問題の分析のプロセスは原則的にクライアントがどのような相手でも先に述べた通りですが，クライ

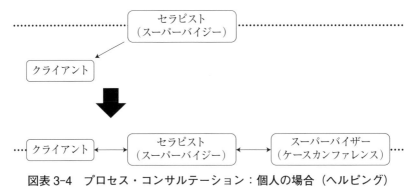

**図表 3-4　プロセス・コンサルテーション：個人の場合（ヘルピング）**

アントの種類によって，多少の違いがあります。

### 5-1．個人の場合

　まず，図表 3-4，個人の場合です。個人をクライアントとして行うプロセス・コンサルテーションは，特にヘルピングという呼び方をすることもあります。

　クライアントを持っている心理臨床家（セラピスト）のケースで考えてみましょう。

　セラピストがクライアントとうまくいかない場合，例えば，クライアントの病気がなかなか治らないので，セラピストがスーパーバイジーとしてスーパーバイザーを訪ねる（スーパービジョン）といった時，どのようなことがポイントになるでしょうか。このような場合，セラピストによるクライアントに対する家長的温情主義(パターナリズム)の押し付けによる全面的支援が，クライアントの依存を招き，かえって病気を長期化させているということが少なくありません。スーパービジョンの場を持つことは，通常の側面的支援においても良好な治療構造の維持に大変有効ですが，このように全面的支援によってクライエントとセラピストが共依存に陥ってしまった場合などにおいては，特に重要です。

　しかし，ここでスーパーバイザーがまたスーパーバイジーを依存させ

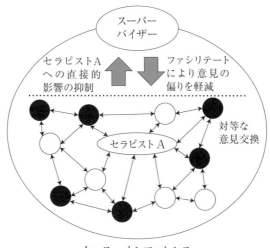

**図表3-5　ケース・カンファレンスによるスーパービジョン**

てしまっては，問題は少しも解決しません。プロセス・コンサルテーションは，このようなことを避け，自力での問題解決の力を奪わない側面的支援を目標としています。具体的には，スーパーバイザーとスーパーバイジーという一対一の関係を避け，そのセラピストをスーパーバイザーが主催するケース・カンファレンスに参加させることが1つの方法になります。

　図表3-5を見てください。スーパーバイザーの下に沢山のスーパーバイジー，つまり同業のセラピストが来ています。スーパーバイザーに一対一で「こうだ」と言われた時に懸念される依存というものは，このような場では起きません。前述のセラピスト（図ではセラピストAとします）が，このケース・カンファレンスで自分のケースを発表すると，そのやり方を肯定する人もいれば，疑問を投げかける人も出てくるでしょう。同じ立場の人々からの意見は，上から言われた時のような反抗

心も起きにくければ，従わなくてはいけないという強制力もありません。セラピストは，ケース・カンファレンスで得た様々な意見・知見を基に，よりよい解決方法を自分で考えられるようになっていくのです（ここでのスーパーバイザーは，このことを第1に考え，一種のファシリテーターのような役割を取らなくてはいけません）。このように，ケース・カンファレンスによるスーパービジョンのグループ構造が，セラピストに健康な集団圧力を与えることで，セラピストとクライアントとの関係をも健康なものへと変えていきます。セラピストのクライアントへの全面的支援を緩和し，側面的支援に転換させることで，クライアントをセラピストから自立させ，クライアント自身が自ら活動の目標を持つという方向へと向かわせるのです。

### 5-2. NPO の場合

図表 3-6 は NPO の場合を表しています。

災害が起こった時，何か力になりたいという親切心に溢れたボランティアが沢山集まります。また，行政からも人が送り込まれます。ここでコンサルタントが果たすべき役割は，アドミニストレーターです。

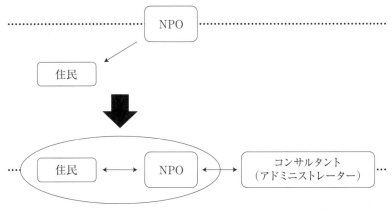

図表 3-6　プロセス・コンサルテーション：NPO の場合

しかしこのような場合，住民にはまったく参加させないで，ボランティアやアドミニストレーターだけで物事を決めてしまうということがよく起こりがちです。アドミニストレーターにもボランティアにも「何とか良くしたい」という気持ちがあることが，かえって独善的にものを押し付ける罠になるのです。大切なのは，被災者が求めてもいないような支援はしないことです。オーストラリアのアボリジニーが過度の保護政策により目的を失い，アルコール依存症が増加したというのは，この悪い例です。

　支援する側だけで勝手に想像したことを行ってしまうと，かえって自立を遅らせることになりかねません。支援側の一方的な善意を押し付けることは決してしてはいけません。ですから，プロセス・コンサルテーションでは，住民が真に求めることのみ支援するということを目標に，アドミストレーターは住民とボランティアや行政が対等な関係で協力・参加できるようにするという役割を果たすべきだと考えます。

## 5-3．中小企業（事業承継）の場合

　中小企業で起こる問題の多くが，事業承継のタイミングに重なっています。コンサルタントが社長から「子供に後を継がせたいので，うまくやれるよう助けてやってほしい」という依頼を受けることも少なくないでしょう。大金を積まれて「息子／娘を社長にふさわしいように教育してほしい」などと言われるのはとても甘い罠ですが，これには決して乗ってはいけません。そのような場合，子供が後を継いでうまくいくことはほとんどありません。

　企業がおかれる環境は，めまぐるしく変化しています。子供の時代の環境は，親の時代とは大きく異なっていくでしょう。同じ事業を続けるとしても，その時代にあったやり方を，子供自身が新しく考えられなければうまくはいかないのです。親の影響下でお膳立てされた代替わりをしていては，そのような力は身につかないでしょう。ですから，この場

合，プロセス・コンサルテーションでは，息子／娘が自分自身で考えられるよう支援することがポイントになります。コンサルタントは現在の社長である父親と上手く対等な力関係を作り，それにより子供を自由にさせて，自立できるようにもっていくことを目指します。この場合，ベックハートが指摘しているように，親の事業のリ・ストラクチャリングを担うエキスパートとしてのコンサルタントと，プロセス・コンサルテーションによる家族療法家としての役割を担うコンサルタント，2人によるコンバインド・セラピーが有効でしょう。

### 5-4. 日本の大企業の場合

最後に，日本の大企業の話をしたいと思います。日本とアメリカでは，トップに立っている人間の権限の大きさが，大きく異なっています。わかりやすい例は，アメリカの大統領制と，日本の首相制の比較でしょう。大統領はひとりであらゆることを決定する権限を持っていますが，日本の総理大臣は各大臣の中での議長役のような側面が強く，総理大臣だけではなかなか話が進みません。企業のCEOや社長という存在も，日米で同様の差があるようです。そのため，日本の場合は，特に大企業ではCEOひとりがクライアントという考え方ではなく，政府でいえば内閣全体，つまり上層部というグループをクライアントとして捉えて全員と話すという変則的な形をとるべきなのかもしれません。このような場合に，プロセス・コンサルテーションにおいて，キャビネット・グループ，ボードメンバー・グループをどう扱うかは，拙著 *Organization Therapy* の第3章と第4章で詳しく述べているので，是非ご参照下さい。

## 6. 相互作用のダイナミクス

プロセス・コンサルテーションを「子育て」になぞらえて考えてみま

しょう。

　図表3-7は，アメリカの精神科医ヘンリー・スタック・サリバンの精神発達論を基にしたものです。この集団の変化の位相は，人間の精神的発達のために経験すべき諸段階でもあります。子供はまず，家族や友達など，同一の行動を共にする「ギャング・グループ」に所属します。そして，楽しい家庭や，仲の良い友達と過ごす「チャム・グループ」の期間を迎え，その中で，どうやって人を信用するのか，どうやって人と関わっていくのかを学んでいきます。この時期に，共依存ではない，D.W. ウィニコットのいう "Good Enough Mother"（ほどよい母親）による適度な依存関係，つまり十分な愛情に満ちた期間がないと，うまく大人になれないとされています。

　次に，高校生くらいの頃，ピーター・ブロスのいう「第二の分離個体化」という時期がきます。この時に新しい問題が起きます。友達や恋人との人間関係や，学校などで起きる問題を，自分自身で解決しなくてはいけなくなるのです。ここでまた親が依存をさせてしまっては，子供が自立できなくなります。この時親が果たすべき役割が，まさにプロセス・コンサルテーションそのものです。つまり，あくまでも「その問題は君が解決しなくてはいけない」という立場で，側面的支援をするということです。

　カール・ロジャースの理論とプロセス・コンサルテーションの違いも，この例で説明できます。ロジャースが扱う心理カウンセリングのクライアントは，最初の段階で適度な依存が足りなかったために自立が阻害されていることが少なくありませんでした。このような場合，セラピストが代理の親になり，適切な依存関係を一度経験させることが治療の1つになります。ロジャースの共感的理解は，クライアントとこのような関係を作り上げるためのものでもあります。一方，プロセス・コンサルテーションは，適切な最初の段階を経て，第二の分離個体化ができる用意が整っている相手を対象とするため，お互いが（精神的に）自立した

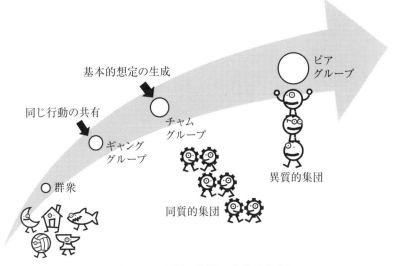

図表 3-7 人間の集団の変化の位相

大人同士の関係であることが前提です。このことが、ロジャースの理論とプロセス・コンサルテーションの違いを生んでいます。

## 7. 最後に

プロセス・コンサルテーションとは行動そのもののことであり、役割や職業ではないということを忘れないで下さい。友人関係、家族関係、労使関係など、人と人との関係には様々なものがありますが、どのような関係においても、他からの助けが必要な問題が起こることもあります。マネジャーやそれ以外のクライアント、または友人が助けを求めてきた時や、誰かに助けを求められた時は、常にプロセス・コンサルテーションを使うかどうかを考えるべきなのです。

では、どのような場合にプロセス・コンサルテーションが有効なのでしょうか。例えばマネジャーが助けを求めてきた時、それがあなたの専

門分野であれば，解答を与えてあげることもできます。ただ，そうするとマネジャーはあなたの言葉に従い，あなたに依存するようになってしまうでしょうが，これは好ましい結果ではありません。また，私のコンサルタントとしての経験からいうと，実際には，専門家として意見できるほどそのマネジャーの個別の状況について詳しく知っているということは稀でしょう。つまり，誰かを助ける入り口では，専門家ではなくプロセス・コンサルテーションによって対応すべき場合がほとんどだということです。

　子供との場合も同じです。子供が助けを求めてきたとき，親が解決法を教えてあげることもできますが，プロセス・コンサルテーションによる側面的支援によって，子供が自分自身で問題を解決できるように助けてやったほうが良い時もあります。

　つまり，プロセス・コンサルテーションとは，広い意味で人を援助する場合の方法のうちの1つであるということです。

# 第4章
# 組織文化の活用と組織開発

シャインが語る PC の効果的な使い方

プロセス・コンサルテーションによる組織開発を行う際は、組織文化を活用していくことが最も重要です。そのためにも、まず、組織文化について考えてみましょう。
　この章では、以下の6つの項目についてお話しします。
　まず、①組織文化をいかに理解するのかということ、次に、②組織文化の構造モデルについてです。また③様々な組織文化の主要要素を理解した上で、プロセス・コンサルタントは④いかに組織文化を取り扱うべきかということを考えなくてはいけません。
　コンサルタントが仕事をする上で不可欠なのは、まず、⑤クライアントと一緒になってチームを作り、ビジネス上の問題を特定し、次に⑥その問題と組織文化がどのような関わりを持っているかを明らかにすることです。ここで大切なのは、組織文化からではなく、まずビジネス上の問題から取り掛かるということです。それは、組織文化は組織の行動すべてに影響する一方、特定のビジネス上の問題の解決に関わる文化というのは組織文化全体の中のほんの一部でしかないからです。
　では、どうやって組織文化を知り、どのように文化的問題を分析したらよいのでしょうか。

## 1. 組織文化の理解

　まず、我々が一般的に組織文化についてどのような理解をしているのかということについてお話しましょう。私の経験からいって、ほとんどの人は組織文化というものが実際にどういうものであり、どのように分析されるべきものなのかを、本当には理解していません。
　組織文化とは、ある組織がその歴史の中で学習してきたすべての積み

重ねです。それは，会社の草創期にリーダーが自分の価値観を組織に対して押しつけることにより文化を作り上げることから始まります。もしリーダーの価値観が適切なもの——リーダーのオリジナリティにあふれ，かつ組織がその環境の中で生き残ることのできるような価値観であったならば，最終的にはそれが組織の基本的想定となっていきます。そして，一度基本的想定がその組織に対してうまく機能するようになれば，組織文化は組織メンバーの日々の行動さえ決定するようになるのです。

例えば，第2章でも触れたDEC（デジタル・イクイップメント社）の創業時，CEOのケン・オルセンは「私は責任感のある従業員を雇い，彼らが自由に仕事をできるようにしたい」と言いました。当初，それは彼のごく個人的な価値観に過ぎませんでしたが，数年後，まさに「従業員は自由にふるまい，自分の力を発揮していくべきだ」という基本的想定による組織文化が，この会社の中に成立するようになりました。

## 2. 組織文化の構造モデル

文化の最も重要な基本的想定について理解したところで，次に組織文化の構造モデルについてみてみましょう。

組織文化には，3つのレベル（階層）があります。

①目に見える表面的なレベル（文物・人工物）

ある新しい組織文化の中に入っていったとき，まず目に見える表面的なレベルを目にすることができます。それは，例を挙げれば，人々がどのように話をするか，見た目はどうか，どのような建物を使っているかなど，目で見たり感じたりできるすべてのもののことです。例えば当時のDECを訪問すると，開放的なオフィスの中で従業員が互いに大声で議論しあっているのに気づいたでしょう。一方，スイス系の化学会社で

あるチバガイギー社に行ったとしたら，打って変わって，各々が長い廊下に面して閉じられたドアの中にこもり，話をしている人々はごくわずかだということに気づいたかもしれません。

②標榜されている価値観やイデオロギー

　次のレベルは，そこで標榜されている価値観やイデオロギーです。これは，そこにいる人々に「なぜそういう行動をとっているのか？」と問いかけることで知ることができます。例えばDECの従業員は「私たちは開放的なオフィスでいつも議論を交わしているのは，チームワークやコミュニケーションというものがとても重要だと思っているからです」と言うでしょうし，チバガイギーの従業員は「ドアをしめ切ってひとりで静かに考えた方が，より良い仕事ができるからです」というでしょう。

③基本的想定

　どうしてこの2つの会社はこれほどまでに異なっているのかということを考えると，そこで標榜されている価値観やイデオロギーより深いレベルにある基本的想定にまでたどり着きます。それはその会社の業種そのものの違い——一方は電気工学，もう一方は化学工学という，それぞれ異なった技術に依拠した会社であるということに基づいています。DECの組織文化はその電子工学技術を基にしているため，「新しいコンピューターやアイディアは，個人の権限を広げ，お互いに活発な議論をしていく中で創られるものだ」というし，化学工学を基にしているチバガイギー社では「化学とはとても個人的な思索による分野で，深く考えることによって課題を解決する」のだといいます。このように，組織文化というものは，究極的にはその組織の技術を反映しているものなのです。

　プロセス・コンサルテーションを行う際には，この組織文化の構造モデルを十分理解することが，組織を扱うコンサルタントが最も気に留め

なければならないことです。後々ビジネス問題を分析し組織文化を考える中で，このモデルを使うことによって，組織文化の在り方を分析することができるからです。

## 3. 組織文化の分析のポイント：各レベルはお互いに一貫しているか

　では，組織文化の分析に進みます。今までお話した各レベルや判断材料，価値観や基本的想定といったものが「お互いに一貫しているか？」ということが，分析のポイントになります。

　会社で観察される一般的な行動は，その会社の基本的想定によってもたらされるものです。ですからコンサルタントは，その行動と標榜されている価値観が一貫しているかどうかということを考えなくてはいけません。もしかしたら，価値観と実際の行動とが一貫していない場合がみられるかもしれません。こういった場合，実際にとられている行動の裏に，もっと深いレベルにある基本的想定が見えてくるのです。例えば，多くの会社がチームとして仕事をすることを推奨していますが，実際の行動を見てみると，報奨や昇進のすべてが個人の業績によって決められていることがあります。組織文化を理解してコンサルティングをするのならば，このような行動が日々の現実であり，それこそがより深いレベルの基本的想定を反映しているのだということに気がつかなくてはいけません。いくら会社が「当社はチームワークを重視しています」と主張していても，実際の行動が個人主義的なものであった場合，この会社はやはり個人主義的な文化だということになります。このようなより深いレベルの基本的想定というものは，その会社の歴史に基づいており，組織文化の根幹となっていることがほとんどです。

## 4. 何についての基本的想定か

　文化の構造モデルが理解できたところで，より深いレベルの基本的想定とは何か，文化とは何であるのかということに話を移します。

　私は，これを外部的な起源のものと内部的な起源のものとにわけて考えることにしています。会社というものはその歴史の中で，基本的に2つの問題を克服しなければいけません。1つは環境の中でいかに生き残っていくかという問題，もう1つは，社内の組織をどう形作っていくかという問題です。前者を解決するためにできてきた基本的想定が外部的起源のものであり，後者を解決するためにできてきた基本的想定が内部的起源のものです。

### 4-1. 外部的起源のもの

　ある環境の中でいかに生き残っていくかという外部的な問題による基本的想定とは，社会における自分たちの使命に対する基本的想定ともいえます。つまり，基礎となるビジネスは何か，それをどのように達成するのかということです。

　例えば，DECで皆が目指す基本的な使命となったものは，より小型で持ち運びに便利なデスクトップ・コンピューターを開発することでした。その一方で，科学者同士の間でインタラクションができるような面白いコンピューターを創造することもまた，彼らの使命の一つでした。DECはそれを達成するために，非常に革新的なものを目標としている，創造力に富んだ電子工学のエンジニアを雇いました。ただ，この革新的で面白い製品を作るというDECの基本的想定は，後にシンプルな製品が市場を席巻した時，彼らが失敗する原因ともなったのです。

　またこの会社は，コスト削減に対して反対に働く組織文化を持っていたため，コストが非常に高くつくということをビジネス上の問題として抱えていました。同様に，彼らが目標を達成するために選んだ手段——

頭脳明晰なベストな人材を集め，その人を開発するというやり方も，コスト削減が必要な時に従業員を解雇するのを妨げてしまいました。

## 4-2. 内部的起源のもの

内部的起源の基本的想定としては，メンバーがうまく付き合っていくためのルールや，権限に関するルール，報奨とインセンティブのシステム，規律とコントロールのシステムがあります。例えば，DECではすべての管理は自己管理であり，チバガイギー社では上司がすべて管理するというシステムでした。

コンサルタントというものは，どのような文化が何であるかということを発見することはできても，その文化を変えることは必ずしもできません。その理由のひとつに，お互いがどのようにつきあっていくのかという内部的起源の基本的想定の影響があります。先ほどの例でも，DECのコンサルタントは私でしたが，コストがかかり過ぎるというリスクを持つ文化に気づきながら，それを変えることはできませんでした。彼らは自分たちの働き方を好んでおり，それを変えたがらなかったのです。コンサルタントは既存の文化に当てはまらないような新しいことを企業に導入しようとすべきではありません。それは大抵の場合うまくいきません。このプロセス・コンサルテーションという技法では，組織の中の人々と一緒に仕事をし，それにより組織文化に調和できるようになることを重視しています。

# 5. コンサルタントはいかに文化を取り扱うべきか

次は，実際にコンサルタントはいかに文化を取り扱うべきか，という話に入ります。

まず，コンサルタントは，クライアントが，組織の存続のために解決しなくてはならないビジネス上の問題を抱えているということを確認し

た上で，初めて仕事にかかります。第2段階として，コンサルタントはクライアントから問題は何なのかということを説明してもらい，またコンサルタントとクライアントとの間に信頼関係を築き，チームとして一緒になって問題に取り組んでいきます。第3段階では，コンサルタントはクライアントが問題を具体的な行動をしめす表現や言葉で表せるよう助けます。これは，プロセス・コンサルテーションが果たす役割の中でもっとも重要ものの1つです。

　私は初めてクライアントに会ったときによく「ちょっと例を挙げて説明して下さい」と言います。例えば，クライアントが「営業担当者が互いに競争をしすぎているので，何とかしたい」と言ったとします。それに対して私は「互いに競争しすぎるというのは，どういうことですか」と返します。するとクライアントが「異なる部署の2人の営業担当者が同じお客さんを訪問して，互いにその仕事を取ろうとするのです」と答えます。これに対し私は「もしこの問題が解決したら，営業担当者はどのような新しい行動をとるようになるでしょうか。どのように変わるのでしょうか」と聞きます。するとクライアントは「私たちはチームでやっていく組織なのだから，同じお客さんに売ろうとしている場合でも，両者で競うのではなく，協調し協力し合ってやってほしいのです」と答えます。ここへきて，やっとコンサルタントは「では，貴社の文化がいかにそのようなチームワークをサポートするのでしょうか」と文化について尋ねることができるのです。

# 6. プロセス・コンサルテーションを用いた，文化の問題への切り込み方とその分析

## 6-1. 文化の問題へどう切り込むか

　では，プロセス・コンサルテーションでは，コンサルタントはどう文

化の問題に切り込んでいくのか，順を追ってみていきましょう。

　まず，ビジネス上の問題点が特定され，その次にコンサルタントとクライアントが一緒になって「この状況に対して，我が社の文化はどういう影響をあたえるだろうか」ということを考えます。クライアントとコンサルタントは，問題解決に向けての変化を起こすために，文化がその助けとなるのか，それとも妨げとなるのかということを，共同で分析しなくてはいけません。

## 6-2. 組織文化をどう分析するか

　では，具体的にどのように組織文化を分析していけばよいのでしょうか。

①フォーカス・グループを作る

　文化は組織の一部ですから，私の考える最良の方法は，まず組織全体で文化を考えるということです。具体的にいうと，営業担当者同士がもっと協調できるような解決を図る際には，営業担当者のみならず，マネジャー層やマーケティング部門などから 15 名ほどのフォーカス・グループを集めて，分析を行うということです。コンサルタントは，そのミーティングのファシリテーターの役割をするとよいでしょう。

　フォーカス・グループのメンバーは，コンサルタントが選ぶべきでしょうか，それともクライアントがすべて決めるべきでしょうか。ポイントは「一緒に」ということです。プロセス・コンサルテーションで最も重要なのは，クライアントとコンサルタントがチームになって，一緒に次のステップへ進むということです。これがプロセス・コンサルテーションとこれまでのコンサルテーションの違いです。従来型のコンサルタントは，コンサルタントが解決策を見つけ，それをクライアントに勧めます。それに対しプロセス・コンサルテーションでは，これをクライアントと共に行うのです。ですから，メンバーの選出もクライアントと

共に行ってください。

　フォーカス・グループのメンバーはそれぞれの部署の意見を代表するような人々でなければいけません。そのようなメンバーが集まれば，その場で合意された結論は，結果的にそれぞれの部署の合意を得られるものになっているはずです。

　また，フォーカス・グループの目的は，あくまで問題を理解することであり，メンバーの行動がグループに参加していない人々に先んじて変わるということはありません。フォーカス・グループは，基本的想定を明らかにし，自分たちはこれから何をすべきかの合意を形成して，それを，会社の幹部層に対し示します。問題を理解した上で，コンサルタントと共に問題解決を図る新しいプログラムを実際に進めていくのはCEOや上層部の役割です。これについては後述します。

②対処すべきビジネス上の問題を決める

　フォーカス・グループができたら，第1段階として，このグループで文化を分析する上で主題となるビジネス上の問題が何かということに，メンバー全員が合意しなければいけません。

③組織文化のモデルを理解する

　また先程，プロセス・コンサルテーションでは組織文化の構造モデルを理解することが重要だと述べましたが，この次の段階では，コンサルタントがフォーカス・グループのメンバーに対しこのモデルを提示し，メンバー全員に組織文化のモデルを理解してもらわなければいけません。

④組織文化のグループ分析

　フォーカス・グループが組織文化の構造モデルを理解できたら，コンサルタントは使命・手段・行動規則・インセンティブとコントロールな

どに関して議論をファシリテートしていきます。例えば，会社が何を考え，何を行い，社内ではお互いにどうつきあっているかといったことを明らかにするような実際の行動の例を，フォーカス・グループに対して尋ねます。

　私はこのような場合よく図表を使い，メンバーが列挙してくれた様々な行動やルールを書きとめ，視覚化します。そうすることで，メンバー全員が目に見える形で自分たちの文化がどのようなものなのかを理解することができるようになります。例えば，ファシリテーターがセールス部門の人々に「御社の出張の方針はどういったものですか」と尋ねます。どうやって顧客から顧客へと移動しているのかを聞くことで，どうして別々の部署の人間が同じ顧客を訪問してしまうのかということを明らかにしていくためです。

　フォーカス・グループが1時間ほど自分たちの行動について確認し合った後，コンサルタントは「では，あなた方はどのような価値観のもとにこのような行動をとっているのかご説明下さい」と尋ねます。

⑤基本的想定の発見

　次に，コンサルタントは，問題に関連する，いくつかの鍵となる行動ルールを特定していきます。

　会社の公式な行動ルールと実際に行われていることとの不一致を探すことで，より深い基本的想定を発見することができます。例えば，会社の公式なルールではセールス部門ではお互いに競い合ってはいけないとされているとしましょう。しかし彼らを観察してみると，そのルールを皆が知っているにもかかわらず，実際には競争をしあっているのです。そこでコンサルタントは「そのルールを破っても良いのでしょうか。どのような時ならばそれが許されますか？」とルールを破ってもよい時（タイミング）を確認します。すると彼らは「場合によっては，許されると思います。例えば自分の出張のスケジュールがある町に決定してい

て，たまたま同じ町に別のセールスマンがいる場合，どちらも同じ顧客を訪問することもあります」と答えます。そこで，コンサルタントは，「なぜその場合にはそれが許されるのですか？」とルールを破ってもよい理由を確認します。するとメンバーたちは「私たちにはそれぞれノルマがあるので，その週に自分のいる町の顧客を訪問しなければ，ノルマが達成できなくなってしまうからです」と答えるかもしれません。そのようなやりとりを通じて，組織文化のより深いレベルが明らかになります。つまり，この例の場合，彼らは協力し合うことが一番だといいつつも，実はより深い基本的想定としてノルマ達成というものが存在することです。また，どうしてノルマ達成がそれほど重要かというと，従業員の給与や昇進が個々人の業績によって決定されていたからです。つまり，個々人の報奨という基本的想定が，協力し合って働くことを妨げていることが分かってきました。

　この段階に至ってはじめて，コンサルタントとフォーカス・グループはより深いレベルの基本的想定を知り，それに対しどうシステムを改善するのかということを自問していくことになります。この例では，ノルマを達成するということが協力を妨げる基本的想定になっていましたが，もちろんこれ以外にも別のルールや別の基本的想定があるので，それらをフォーカス・グループで明らかにしていきます。同様の問題の裏に，別の基本的想定，例えばセールスマンにはどのようなタイプの人がなるのかというような決まりによる影響があるかもしれません。DECのCEOのケン・オルセンは，営業担当者の真の仕事は必ずしも製品を売ることではなく，顧客の問題を解決することだと考えていました。ですからDECの文化では，このような問題については，営業担当者をノルマ制ではなく給与制にするということで対処していました。そのため，DECではそれぞれの営業担当者の給与額があらかじめ定められており，営業担当者同士の競争の問題は生まれませんでした。

## 7. 文化は問題解決の助けか障害か

　フォーカス・グループを通じて様々な基本的想定が明らかにされた後は，明らかにされた基本的想定のリストを見て，実際の問題に対し，そういった文化が助けとなるのか障害となるのかを考えていきます。

　例えば，ひとりひとりの営業担当者のモチベーションが非常に高いということが，組織文化の下では良いことだと考えられていたとします。しかし一方で効率性を重視するという基本的想定は，出張のスケジュールを常にうまく調整することを強いるために，複数の営業担当者が同じタイミングで同じ町を訪れてしまう原因ともなります。そこで，個人個人は非常に優れた営業担当者を擁することのできるノルマ制は残すことにして，出張の規定に関する文化だけを変えることに決定します。クライアントは売り上げを増加させるために協力し合って欲しいと思っていたのですが，実は出張規定を変えることで売り上げを増加できることに気がつくでしょう。

　プロセス・コンサルテーションでは，このようにフォーカス・グループが様々な基本的想定を明らかにするのを助け，その後，問題解決の助けとなる想定，障害となる想定の双方に焦点を当てていきます。私の経験では，組織文化を分析していると，問題解決の助けとなる基本的想定がいかに多いかということに，皆とても驚くのです。しかし同時に，問題解決を真に妨げている基本的想定もいくつか見つかってきます。先程の例では，ノルマを満たすという基本的想定が1人の営業担当者とだけ対応したいと思っている顧客を怒らせてしまうということになっていました。

　では，次に，そのためにグループがノルマ制を変えることを決定した場合を考えてみましょう。これは，組織文化を変革するプログラムが必要になるということを意味します。文化全体を変えるということではあ

りませんが，文化の一部となっている基本的想定そのものを変えなくてはいけないのです。

## 8. 基本的想定を変えるには

①あるべき新しい行動を明確にする

　基本的想定を変える第1段階として，コンサルタントはクライアントに「もし問題解決ができたら，新しい文化での新しい営業担当者の行動がどういうものになるのか？」ということを尋ね，あるべき新しい行動を明確にします。例えばDECでは，給与制で仕事をしているので，2人の営業担当者が同じ顧客を訪問した場合，この2人は顧客のために一緒に働くことになります。私たちも，このように営業担当者同士が顧客のために協力し合って行動することを望んでいるとしましょう。

②リーダーが率先して行動する

　こうして望ましい行動というものが明らかになったら，第2段階として，リーダーが率先してこのような行動をとるようにしなくてはいけません。例えば，セールスのマネジャー同士のミーティングでも，協力し合って仕事をしていく行動をし，それを組織の他の人間にも示していくのです。そのためには今までにない新しいタイプの人を雇う必要があるかもしれません。個人間の競争やノルマの達成といった文化を作り上げてきた人々には，協調していく意志や能力が欠けているかもしれないからです。また，組織の人々に協調していく意志があるという場合には，この新しい規範の下に仕事をしても大丈夫だということを，リーダーがしっかりと保証しなければいけません。

③新しい行動規範に沿った新しい奨励制度や報償を作る

　重要なのは，リーダーが，新しい行動規範に沿った新しい奨励制度や

報奨を作らなければならないということです。協力し合って仕事をするのを促すためには，ノルマによる評価の代わりに，例えば顧客の満足度といったものが個人の評価のものさしになるかもしれません。また，旧来の間違ったやり方を改めない人間，この場合は競争的な行動をとり続ける営業担当者などに対しては，新しいルールや規範に則り罰則を与え，時には解雇する必要もあるでしょう。つまり，組織文化を変えるには，報奨や管理体制，規律といったような人的資源管理システム全体の変革が必要だということです。

このように，実際に組織文化を変えるということはとても難しく，また時間がかかるものです。ただ，私が関わってきたビジネス上の問題の中では，組織文化を変える必要まではなく，その問題だけを直接的に解決することができるものがほとんどでした。しかしながら，新しい行動規範が求められる場合には，先述の通りリーダーが率先しそのような行動をとり，従業員に新しい行動を教育することは必須です。

結果的に，ビジネス上の問題を解決できたならば，新しい行動は定着します。しかし，セールス部門が協調し，顧客の問題解決に協力し合うよう教育されても，結果として売り上げが伸びなかった場合は，元の古いシステムに戻るべきだということになるかもしれません。つまり，新しい行動が実際に問題を解決する場合のみ，組織文化は変わることができるのです。

## 9. プロセス・コンサルテーションの注意点

### 9-1. プロセス・コンサルテーションはスキルである

プロセス・コンサルテーションには，いくつかのポイントがあります。

第1に，プロセス・コンサルテーションというのは，それだけで何かしらの職業になるということではなく，コンサルタントの持つべきスキルの1つだということです。

　私が企業のコンサルタントをする場合も，必ずしも常にプロセス・コンサルテーションを行うというわけではなく，絶えず役割を変えながら仕事をしています。これが，プロセス・コンサルテーションがスキルであって職業でないという理由です。

　例えば，私がチバガイギー社から最初に受けた依頼は，キャリア開発の専門家として，様々なキャリアの革新について講義をしてほしいというものでした。ですから私は，講師として，スライドを使って様々な知識について講義をしたり，質問を受けたりしました。この講義は全体で3日間の予定だったのですが，2日目にある出来事があり，それによって私の役割が変化しました。当時，チバガイギー社は元々の化学部門を縮小し，製薬関係のマーケティングを始めようとしているところでした。そのためCEOから「この決定を役員たちに通達するのを助けてもらえないだろうか？」という依頼があったのです。それを受けた時点から，私はプロセス・コンサルテーションの手法を取り始めました。

　CEOと私は，この会社が本当に危機的状況にあり何らかの手を打たなければならないということを，役員会でいかに伝えるかということを討議しました。CEOに「何が問題なのですか？」と尋ねると，「世界中に50名いる役員たちに，我が社が危機的財政に陥っていることを伝えても，なかなかわかってくれないのです」と言いました。そこで，より強いメッセージを伝えるために財務の専門家が必要だということを，CEOと私とで決定しました。丁度，役員会のメンバーの中にハーバード・ビジネス・スクールの高名な教授がいました。そこで，CEOと私は彼に，役員会で会社の財政的な問題がいかに深刻かを説明してほしいと依頼しました。このプロセスを計画したのは私とCEOですが，実際に役員たちにメッセージを伝えたのは，その教授だったわけです。彼が

行ったのは，プロセス・コンサルテーションではなく，単なるメッセージの伝達だけです。しかし彼があまりに効果的に伝えたため，残りの役員会のメンバーは皆，意気消沈してしまいました。

そこで私はもう一度プロセス・コンサルテーションの手法にのっとり，その教授とCEO，私で，「役員会のメンバーが前向きに考えられるようになるにはどうしたらいいか」ということを考えることを提案しました。そして，これからの経営方針をどうしていったらよいかという前向きなレクチャーを私が行う，ということを3人で決めました。その後私は，役員たちに経営方針の変革についてレクチャーしたわけですが，その際の私の役割は再び講師という専門家に戻っていたというわけです。

そして，メンバー全員が「これらの問題を解決するために，どう組織を編成していったらいいのだろう」と考えるに至ったため，私は再びプロセス・コンサルテーションを使い，組織の再編成のためのお手伝いをする役割を取りました。私はCEOに「役員の方々は，一緒に仕事をする時はどのようなスタイルをとるのがベストでしょうか？」と尋ねました。CEOは「彼らは少人数で仕事をするのを好みます」と答えました。そこで私は「では，いくつかの小グループに様々な変革プログラムをさせてみましょう」と提案しました。CEOは50名の役員をプロジェクト別にグループ分けし，それぞれ別の問題の解決について担当させました。その後，私はCEOに「グループの進捗状況をどう評価されるおつもりですか？」と尋ね，CEOは，それぞれのグループに4半期ごとにレポートを提出させ，1年後に全体で集まってすべてのプロジェクトの進捗についてのレポートを作成することを決めました。

このように私は，チバガイギー社での全3日の間に，初めは講師，それからプロセス・コンサルテーション，また講師をして，最後に再びプロセス・コンサルテーションを行ったのです。CEOは役員会の作業についてのすべてを決定し，私は彼がその決定を下す手助けをしました。

重要なのは，この一連の流れの中で私は，それが適切であると思われるタイミングにおいてのみ，プロセス・コンサルテーションを使ったということです。常にプロセス・コンサルテーションをしていたわけではありません。

## 9-2. 依存を避けるために

プロセス・コンサルテーションにおいて決してしてはいけないのは，コンサルト側が「どうすべき」とか「何をすべき」ということを言ってしまうことです。そのような言動は，容易にクライアントの依存を生み出し，クライアントは自分たちの力で問題を解決することができなくなってしまいます。私のところにも「何をしたらいいですか？」と聞いてくるようなクライアントは沢山います。もし私が「これをしなさい」と言ってしまっていたら，大変な間違いが起きてしまったかもれしれないという事例をご紹介します。

大きな電力会社の話なのですが，会社の文化の分析の依頼がありました。CEOは「とても旧態依然としたカチカチの古い文化を，もう少しやわらかなものにしたいのです」と言いました。私は，その会社の方々に来ていただいて，この問題についてもっと詳しくお話を聞かせて頂けるようならと注文をつけ，その依頼を引き受けました。そこでCEOとその直属の部下であるチーフ・オペレーティング・オフィサー(COO)が私のところへやって来て，会社の文化の問題点について話してくれました。

彼らは「当社の文化は大変格式ばったかたいものなので，それをゆるめたいのですが，その方法が分からないのです」と言いました。これに対し私は，文化のゆるめ方をレクチャーする代わりに，「例を挙げてみて下さい」と尋ねました（このやり方がプロセス・コンサルテーションです）。COOが「例えば，私が指揮している委員会は15名で構成されているのですが，大部屋で会議するとき，皆がいつも必ず同じ席に座る

のです」と答えました。「昨日などは，大部屋に出席者が5人の会議だったのに，皆がいつもと同じ席に座るものだから，私との間にずいぶん距離が空いてしまいました」と言うのです。「お分かりです？　これがこの委員会の体質を表すいい例ですよ。古臭くてカチカチの文化です。5人しかいないのに，皆がいつもと同じ席に座るなんて」。

　さて，皆さんなら，このような状況で，コンサルタントとして次にどのような行動をとるでしょうか？　私は次にどのような行動をとったでしょうか？　プロセス・コンサルテーションでは，このような時どういう行動をとるのか，考えてみてください。

　例えば「なぜそのことが問題なのですか？」と聞いたらどうでしょうか。それに対しCOOは「大きな部屋に沢山の席があるのにいつも同じ席に座る，それくらい堅苦しい文化だという例なのです」と答えるかもしれません。これは問題の明確化にも解決にも繋がりません。では，会議室から椅子を取ってしまうのはどうでしょうか。このような，コンサルタントによる独断的なやり方は，まさに依存を生み出すものになってしまいます。容易に依存に結びつくようなことは厳に慎むべきです。ポイントは，誰がこの問題を解決すべきなのか，ということです。プロセス・コンサルテーションでは，問題を解決するのは常にコンサルタントではなくクライアント自身であり，コンサルタントはその助けをするだけです。

　私はCOOの言葉に対し，「あなたはその時どうしましたか？」と聞きました。その瞬間，COOとCEOが「何てことだ，今まで私は何もしてこなかった！」と口を揃えて言ったのです。その時，2人ともが，そのような時に自分が何もしてこなかったことで，変えたいと思っていたことをかえって保ってしまっていたということに気がついたのです。その後の2時間，この2人は，その文化を変えるために自分たちができるあらゆる事を考えました。彼ら自身が会社のトップであり，トップが自分の行動を変え，新しい行動を示さなければ，文化は変わらないとい

うことに気がついたからです。

　この事例は，クライアントの思考を促すことで，クライアントが自分自身で問題を解決できるようにするという，プロセス・コンサルテーションによる側面的支援のすばらしい好例といえます。拙速な解決策の提示はクライアントの依存を招くということを，決して忘れないでください。

　彼らが問題の本質に気づくきっかけとなった私の質問は，好奇心からごく自然に口をついたものです。私はとても好奇心旺盛なので，COOが他の人たちから離れて座っている様子を思い浮かべたら，その時彼はどうしたのかということを，知りたくなったのです。何か深い考えがあったというより，素直に聞いてみたかったのです。私の経験からいうと，最良の介入とは，このようにとても単純で一見ばかげているような，しかし率直で心からの質問であったりします。こちらから質問をすることで，クライアント自身の考えがより明確になるようしむけ，クライアントが自分で自分の問題を解決できるようにするというのが，主題です。消極的で受け身のクライアントであっても，「それをどう思いますか？　その出来事にどんな対処ができたと思いますか？」とか「このような場合はどうされてきましたか？」といった質問を繰り返すことで，より深く考えさせることができます。

　私のコンサルタントとしての師であり，コンサルティング分野の著書を多数持つリチャード・ベックハードは，常々「クライアントがどうしても解決策を求めてくる場合は，少なくとも２案以上を提示しなさい」と言っていました。そうすればクライアントは少なくとも「選択する」ということをしなくてはならなくなります。

　既存のクライアントとの間に既に依存関係ができてしまっている場合も，小分けされた範囲の中で「これについてはどう考えますか」と問いかけ，クライアントの依存度を低めていくことが有効でしょう。依存的なクライアントは自分自身で問題に直面するのに抵抗を持っているで

しょうが，細分化すれば，その抵抗を減らすことができます。この時，コンサルタント側も，自分では解決法を分かっているつもりなのでついすべてを相手に教えてあげたくなるところですが，それを抑えなくてはなりません。これがなかなか難しいことでもあります。

## 10. プロセス・コンサルテーションの典型的な3つの事例

　私の経験から，プロセス・コンサルテーションの典型的な事例と思われるものを，いくつかご紹介したいと思います。

### 10-1. 大手石油会社での技術者の集約

　大手の石油会社の話です。その会社には，世界中に様々なプロジェクトを担当するエンジニアが駐在していましたが，ある時，シニア・マネジャーが，エンジニアを800人くらいに集約すべきだと決断しました。

　さらに，エンジニアはこれから先，コンサルタントという立場で自分をプロジェクトに売り込んでいかなければならないということも決められました。つまり，エンジニアという役割から打って変わり，フリーのコンサルタントさながらに自分をプロジェクトに売り込んでいかなければならなくなったということです。しかし，従来のエンジニアの文化においては，自分たちは専門職で，自分を売り込むということは必要なく，人々が彼らに助けを求めてくるものだと考えられていました。

　私の当初のクライアントは組織内部のコンサルタント部門で，エンジニア・グループに新しい報奨制度をどう受け入れさせていったらよいかを決めるのを助けてほしいとの依頼でした。そこで私たちは，新しいエンジニア・グループを石油会社全体の文化に適合させるため，フォーカス・グループを作って会社全体の文化を明らかにすることにしました。

　それにより，フォーカス・グループは会社全体の文化を理解しましたが，それを直接変えることはできないので，次に「新しい組織の中でエ

ンジニアが気持ちよく仕事ができるようにするには，どのようなトレーニング・プログラムが必要か」ということを考えることにしました．

## 10-2. 大手環境保護団体の創設

2つ目の事例は，NPO団体の創設段階での介入です．私は，ある環境保護団体の代表から役員会のメンバーとして招かれ，委員長としての役割を依頼されました．この団体は新しい建物などのために大規模な資金集めのキャンペーンが必要だったのですが，代表は役員会がそのようなキャンペーンができるレベルまで達しているのかどうか，自信がなかったのです．そこで彼女は意欲的な役員を集めて委員会を発足しました．私にはその委員会の委員長として，役員会が大規模な資金集めキャンペーンが行える状態かどうかということについて，皆がどう考えているかをはっきりさせてほしいとのことでした．

彼女から，委員会の最初のミーティングの際に，過去に失敗したキャンペーンの歴史的な流れについて話してほしいと言われました．そこで私はプロセス・コンサルテーションを使って，彼女に「どうしてそうしたいのですか」と尋ねました．彼女は「今までと同じ過ちを犯さないためです」と答えました．しかし私は，この委員会では，歴史を振り返り何が間違っていたのかという話をする前に，委員会のメンバーが本当にこの問題について取り組むことができるのかを確認すべきだと思い，一風変わった方法でミーティングをすることを提案しました．くだけた雰囲気の地元のパブでの夕食会から委員会を始めることを提案したのです．すると彼女が，「では，その夕食会の席で過去のキャンペーンについての話をしたい」といいましたが，私は「ノー」と答えました．

この時の私の発言のように，プロセス・コンサルテーションにおいても，時にはコンサルタントが意思決定をすることがあります．ただし，それはプロセスに関することに限られます．コンサルタントは，この団体をどうしていくのかということについて彼女に意見することをすべき

ではありませんが，委員会をどう始めたらよいかというプロセスについては，彼女よりもよく分かっています。この代表の提案したミーティング開始の手法は，私の観点では間違っていると思われたため，これを却下しなければならなかったということです。コンサルタントがクライアントとの間によい信頼関係を築くことは，何よりも大切です。それがあれば，この事例のように，何か疑念を抱いた時にクライアントに異議を唱えることもできるのです。

　私は，誰かが一方的に話をすることで，委員会のメンバーが受け身的，依存的になることを避けたかったのです。そこで，夕食後に私も含めたメンバーそれぞれに順番に，誰かに遮られることなく，どうしてこの団体に入ったのかを話してもらうことを提案しました。代表者ではなく，メンバー全員に話をしてほしかったのです。メンバーたちは順繰りに，この団体を非常に大切に思っているのだということを心から話しました。そして順番が一巡した頃には，全員が，このキャンペーンを十分に実行できるということを確信していました。

　キャンペーンに向けての活動中には，代表からのスタッフへの伝達方法が課題になりました。私はまたプロセス・コンサルテーションを行い，従業員や役員，代表も含め15～20人くらいのグループを集め，なぜこの団体に所属しているかを話し合うことを勧めました。その場において私たちメンバーは非常に活気づき，グループの話し合いによって，キャンペーン専門のコンサルタントを雇って準備を進めることができるようになりました。その原動力そのものはメンバーたち自身が生み出したものでした。

　この事例は，コンサルタントが中間的な役割を取ることで，組織の長よりもうまくグループやミーティングを進めることができるという好例です。最良のプロセス・コンサルテーションは，組織内のグループ作りに長けた組織開発や人材管理の専門家といった，組織内部の人間によるものであることが多いのです。

## 10-3. 個人的なコンサルティングでのプロセス・コンサルテーション

これらは，ある問題を抱えたクライアントからの個人的なコンサルティングの依頼による事例です。

1人目は，ある大企業の大規模なコンサルティング・グループを引き継いだ同業者です。彼から，週に1回，現状を話し，質問や感想を求めたりしたいという，いわばコーチング的役割の依頼がありました。2人目はコンサルティング会社の社長で，彼女は無能な若手コンサルタントに同情してしまい，彼をなかなか解雇できないことに悩んでしました。3人目は原子力産業で安全管理を担当する同僚で，2~3週間に一度私を訪れ，自分のプログラムについて話し，何か新しいアイディアや感想を教えてほしいという依頼がありました。

私は，この3件すべてで，プロセス・コンサルテーションの手法を用い，当人自身が問題を解決するための助けとなりました。この3件を通じてわかるように，プロセス・コンサルテーションというものは，我々の誰もが，(いつもではないが) 時として誰かに対して使うような行動や能力です。そのため，プロセス・コンサルテーションは，通常のコンサルタントにとっても，他のスキルに加えて持つべきスキルであるといえるのです。

クライアントが「問題がある」と話した時，状況に応じて，どう援助するかを選択するのです。プロセス・コンサルテーションで対応することもあるし，何か助言をする場合もあるし，時には「私では力になれません」と言うこともあります。私はいつも最初に「問題はなんですか？例を挙げて下さい」と問いかけますが，もしこれに明確な返答がなければ，「力になれません」とお答えすることもあります。

## 11. 最後に

プロセス・コンサルテーションのスキルを高めるためには，ワークショップや実践を繰り返すことが重要です．また，人を助けたいという親切心を持ち，また，他の人の考えに関心が持てる人が向いているでしょう．日常生活の中で他人に何か言う際，相手が嫌な気持ちになったり，理解できていなかったりしないか，問題を解決するのにふさわしくないことを言ってしまったのではないか，といったことを常に気にしなくてはいけません．

私がプロセス・コンサルテーション・シリーズの続編として書いた *Helping: How to Offer, Give, and Receive Help* は，日常生活も含め，どのように援助をしたり受けたりするかを主題としています．つまり，プロセス・コンサルテーションは，毎日の生活の中でも用いられるようなことなのです．私自身，妻や子供，友人から助言を求められた際，性急に答えすぎたせいで，相手に気に入られず，うまくいかなかったことが多々あります．プロセス・コンサルテーションは，これを避けるための手法ともいえます．*Helping* の中では，何か助けを求められたら，解決しようとしたり，助言を口にしたりする前に，そのことについて質問を返すべきだと論じています．つまり，プロセス・コンサルテーションにどのような人間性が必要かといえば，humility——日本語で言うと謙遜・控え目さといった意味でしょうか——ということになるでしょう．

言い換えれば，プロセス・コンサルテーションを用いるには，クライアントとしてプロセス・コンサルテーションを受け入れられるような人になるべきだということかもしれません．援助を受けるのが上手い人は，良い援助者にもなれるでしょう．上司や医師，教師といった権威のある立場の人は，自分が援助を受ける立場になることには慣れていません．しかし，部下や患者，生徒に対して「何が問題ですか？ もう少し詳しく」などと言うことで，本人が自分自身で問題を解決できるように

しむけるスキルは，そのような立場の人にとってとても重要です。つまり，権威のある地位にいる人は，援助すべき相手から教えてもらうという，逆の立場も学ばなくてはならないのです。もちろんコンサルタントも同様です。

　*Helping* の中で私はこう書いています。「世界はどんどん複雑になっており，リーダーでも全部を把握しているわけではないし，部下の方がよく知っていることが増えている。だから，リーダーは部下を助けることだけではなく，部下に助けてもらうことも学ばなくてはならない。将来の組織の中では，リーダーも部下も共にプロセス・コンサルテーションのスキルを学ぶことが重要になるだろう」と。

# あとがき
## ──プロセス・コンサルテーションと対話型組織開発

　「プロセス・コンサルテーションって何？」という質問をよく耳にします。「プロセス・コンサルテーションというものが今ひとつ分からない」と言われることも少なくありません。どうやら日本では，プロセス・コンサルテーションという言葉の認知度に反し，その実態はあまりよく理解されていないようです。

　2011年にシアトルで，私たちが初めてエドガー H. シャインとのセッションを行った際も，プロセス・コンサルテーションというものが，事前に想定していたのとは非常に異なっていることに気づき，日本からの一同は大いに驚愕しました。私たちは，それ以来プロセス・コンサルテーションや他のシャインの理論を真に理解するため，シャインとのセッションを重ねてきました。本書もその成果の1つです。

　ここでは，あとがきとして，今までの研究の成果を踏まえ，今一度，日本人向けにプロセス・コンサルテーションとはどういうものかということをまとめ，アメリカ人であるシャインの理論と日本の皆さんの橋渡しをしたいと思います。

## 1. コンサルティングの分類からみたプロセス・コンサルテーション

　プロセス・コンサルテーションには2つのポイントがあるようです。1つは pure humble inquiry（率直な質問と傾聴），つまり人の話をよく聞くこと，そして，2つめは helping です。helping は，詳しくわけると helping（全面的支援）と enable（側面的支援）の場合があります。

そして，その介入の方法として，プロセス・コンサルテーションとエキスパート・コンサルテーションがあり，エキスパート・コンサルテーションはさらに，診断を主とする医師型コンサルティングとトップダウンで指示を出す専門家型コンサルティングに分けられます。

シャインは特に pure humble inquiry を強調していますが，これにはアメリカの文化が背景にあります。日本では，自分の主張を前面に出さず，それぞれの主張をよく聞くことのできるマネジャーがよいとされますが，アメリカでは全く逆です。相手の知らない言葉をまくしたてて圧倒し，反論できない人間を排除し，自分の主張を通すという文化です。これが英語で power と呼ばれるものです。しかし，power だけで人の話を聞くのが苦手では，コンサルティングや援助はできません。そのため，アメリカでは「人の話を聞きましょう」とか「pure humble inquiry が大事です」ということが強調されるのです。シャインが「pure humble inquiry をするだけで介入が始まっている」というのも，このようなアメリカの文化が背景にあるからです。ですから，もしかしたら日本文化においては逆に，強硬に主張することが有効な介入になることもあるかもしれません。

Helping において，同情や「自分がやった方が早い」ということで行動してしまうのが全面的支援で，「君がやってごらん」と促すのが側面的支援です。このどちらを選ぶのかはとても重要です。また，その時のアドバイスの仕方として，専門家として技術を提供するのか，医師のように診断をするのか，またはプロセス・コンサルテーションという民主的な介入をするのかという選択をすることが必要です。

余談ですが，シャインが使う「医師型」という表現が理解の妨げの1つになっているようです。シンプルに「診断型 OD」に対する「対話型 OD」であるプロセス・コンサルテーションといった表現のほうがわかりやすいかもしれません。プロセス・コンサルテーションの第1版（*Process Consultation: Lessons for Managers' and Consultants*）は，そ

あとがき　プロセス・コンサルテーションと対話型組織開発

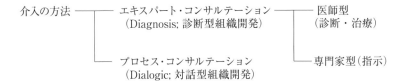

**図1　コンサルティングのスタイルによる分類**

の意味では良書で，プロセス・コンサルテーションとエキスパート・コンサルテーションという2つの分類だけで，とても分かりやすいものでした。

　また，元々プロセス・コンサルテーション第1版は，全6冊のWesley, OD Classicシリーズのうちの1冊という位置付けでした。総論のウォーレン・ベニス，ミクロのシャイン，マクロのベックハート，測定のグリッド・システム，法人として考えた場合のローレン＆ローシュ，そして労使関係のウォルトンと，6冊がそれぞれをカバーし，これらすべてを読むことで組織開発の全体像が理解できるような構造になっていました。ところが，そこから以降の版ではプロセス・コンサルテーションだけを抜き出す形になってしまったため，組織開発におけるプロセス・コンサルテーションの位置付けがわかりにくくなってしまったのでしょう。その後，シャインは *Corporate Culture Survival Guide* の中で，「企業文化は質問紙や数値で測定し分析することはできない。企業文化を理解するには文化人類学的手法をとるしかない」という理論を展開し，その中で，エキスパート・コンサルテーションを，診断・治療をする「医師」と指示を出す「専門家」という2つにさらにわけてしまったのです。

　ですから，簡単に理解するとすれば，エキスパート・コンサルテーションとプロセス・コンサルテーションの2つの方法があるということです。ただし，ベックハートが指摘しているように，プロセス・コンサルテーションでも時にはエキスパートとしての立場を求められる場合も

図2　コンサルティングの手順

あり，そのような時，普通はそれを断わらないでしょう。反対にエキスパートとしてコンサルティングする時にも，プロセス・コンサルテーション的でないといけない場合もあります。例えば，人事考査の専門家として企業に介入する時でも，よく pure humble inquiry をせずに人事考査をしてもうまくいきません。

以上をまとめると，図2になります。コンサルタントは，まず最初は（特にアメリカ人は）pure humble inquiry で介入を始めなければなりません。またその際，全面的支援か，側面的支援か，それとも依頼を断るのか，どれがふさわしいかを考えなくてはいけません。そして，介入の方法論としては，図1で示したように，プロセス・コンサルテーションとエキスパート・コンサルテーションの2つがあり，エキスパート・コンサルテーションにはさらに①診断・治療をする「医師型」と②トップダウンで指示を出す「専門家」の2つに分かれるということです。

## 2. プロセス・コンサルテーションを用いるべき場合とは？

プロセス・コンサルテーションがよくわからないといわれるのには，「プロセス・コンサルテーションでは，何ができるのか？」ということに対する答えを，シャインが明示していないということもその一因でしょう。シャインは，クルト・レヴィンの作った NTL（National Training Laboratories Institute）のTグループに参加した時，「何をしてくれるのだろう」という参加者の期待に対し，レヴィンの弟子のファシリテーターが「それはあなたたちの考えることだ」と答えたことに非

常に衝撃を受けたそうです。そのためかシャインは,「コンサルタント側からは何をするかを言ってはいけない」ということを特に重視しています。つまり,「何ができるのか?」という質問は,プロセス・コンサルテーションを教える際に,教える側が決して答えてはいけない質問なのです。

　ただし,実際のコンサルティングの場面では,何ができるかをコンサルタントが言ったほうが良い場合と言わないほうが良い場合があり,コンサルタントは状況に合わせてそのスタイルを変化させるべきです。これは本文でも,エキスパート・コンサルテーションを選択するか,プロセス・コンサルテーションを選択するかという部分で説明されています。

　心理療法の1つである家族療法に,問題がオバート(overt;目に見える状態)になっている場合と,コバート(covert;目に見えない状態)になっている場合があるという考え方があります。また,問題について尋ねる際も,直接的にしたほうが良い場合と,間接的にしたほうが良い場合とがあり,全部で4タイプに分けられます(図3)。

　〈コバート〉は問題が埋没していて目に見えず,クライアントの思っている問題が本当の問題とは異なっている状態で,〈陽性転移〉状態でクライアントがコンサルタントに依存している場合は,コンサルタントは何も言わない方が良いでしょう。「あなたたちの問題はあなたたちで」というスタンスです。コンサルタントは,クライアントが自分たちで真の問題に気づくのを手助けする役割になります。これがプロセス・コンサルテーションです。

　逆に,〈オバート〉状態ですべてがあきらかになっているのだけれど,〈陰性転移〉でクライアントがコンサルタントにまったく協力する気がないという場合は,コンサルタントがエキスパートとしてコントロールをしなければいけません。これは,日本でもワンマン社長の場合などでよく見かけられる状態です。

|  | 陽性転移<br>(協力的・依存的) | 陰性転移<br>(非協力的) |
|---|---|---|
| コバート<br>(問題が目に見えない) | 側面的支援<br>(プロセス・コンサルテーション) | × |
| オバート<br>(問題が目に見える) | 全面的支援 | エキスパート・コンサルテーション |

図3　クライアントの状況にふさわしいコンサルタントの選択

　また，これはあまりないケースでしょうが，〈オバート〉で陽性転移の場合は，コンサルタントが全面的支援をしても問題はありません。

　一番問題なのは，〈コバート〉状態の問題が目に見えないところに潜り込んでいて，陰性転移の場合です。これではノー・コンタクト，つまり接触のしようがありません。このケースは，従来型ではない組織の場合に多いのですが，コンサルタントとしては大変てこずることになります。プロセス・コンサルテーションの第1版には，はっきりと「断らなくてはいけないケースがある」ということが書かれていましたが，このような場合もその1つでしょう。コンサルティングの依頼を断るべき場合も，本当はあるのです。

## 3. プロセス・コンサルテーションとは何か？

　すべてのコンサルティングの入り口は，プロセス・コンサルテーションであるべきですが，「プロセス・コンサルテーションですべて対応できる」と考えてしまっては，全く理解ができていないということになります。介入方法はいくつもあり，最終的には，プロセス・コンサルテーションは，その中で組織に介入しなければならない場合の，さらに図3の一角で当てはまる場合にのみ有効なのだということです。

　今日本では，若者や中年の危機を迎えた人たちが独立して個人事業主となることを支援する「独立コンサルタント」などという，正解を押し付けるスタイルのおかしなコンサルティングがはびこっています。これなどは，図3でいうと，側面的支援が適している人にエキスパート・コンサルタントとして対応してしまっているという悪い例です。その結果，自分でも本当はよく分かっていないまま独立し，路頭に迷っている人たちも沢山出てしまっています。

　シャインの理論はコンピュータでいうと，OSのようなものです。それぞれのアプリケーションはウォーレン・ベニスやベックハート，ローレン&ローシュにあたると理解したほうがよいでしょう。シャインの理論を理解するのはなかなか大変ですが，このように一般方程式としてとらえると面白いのではないでしょうか。

　プロセス・コンサルテーション以外にも，*Career Anchors: The Changing Nature of Careers Facilitator's Guide Set, 4th Edition* や *Career Survival: Strategic Job and Role Planning* など，シャインの著作や様々な理論は日本でもよく知られていますが，日本人はそれぞれを別個のものだと捉えがちのようです。しかし，その2つをマッチングすることこそが真のキャリア開発なのです。その意味でエドガー・H・シャインは，市場内で解決できる経済コスト以外に，市場内で解決できない

取引コストや交渉コストをも視野に含めた，社会構成主義的アプローチも含む，すべてを統合した存在なのです。

　これから世界はますますダイバーシティとグローバリゼーションの時代になっていきます。その中で，企業や行政や福祉にかかわる人たちは，30年後の社会を想定しそこで必要になる人材を育てるという，長期的な視点での戦略的な人的資源管理設計ということを是非考えて頂きたいと思います。プロセス・コンサルテーションを通じて，皆が自分たちのことを自分たち自身で考えていける社会を実現していってください。

　本書がその一助となりましたら幸いです。

　　2017年3月

尾川　丈一・石川　大雅

# 参考文献

Schein, E. H. *Process Consultation: Its Role in Organization Development.* Addison-Wesly Longman, 1969.
(エドガー H. シャイン『職場ぐるみ訓練の進め方』高橋達男訳，産業能率短期大学出版部，1972)

Schein, E. H. *Career Dynamics.* Addison-Wesley, 1978.
(エドガー H. シャイン『キャリア・ダイナミクス』二村敏子・三善勝代訳，白桃書房，1991)

Schein, E. H. *Career Survival: Strategic Job and Role Planning.* Pfeiffer & Co, 1993.
(エドガー H. シャイン『キャリア・サバイバル―職務と役割の戦略的プラニング』金井壽宏訳，白桃書房，2003)

Schein, E. H. *Corporate Culture Survival Guide: The Corporate Culture Survival Guide.* Jossey-Bass, 2009.
(エドガー H. シャイン『企業文化［改訂版］：ダイバーシティと文化の仕組み』尾川丈一監訳，松本美央訳，白桃書房，2016)

Schein, E. H. *Helping: How to Offer, Give, and Receive Help.* Berrett-Koehler, 2011.
(エドガー H. シャイン『人を助けるとはどういうことか―本当の「協力関係」をつくる7つの原則』金井壽宏監訳，金井真弓訳，英治出版，2009)

Schein, E. H. & Van Maanen, J. *Career Anchors: The Changing Nature of Careers Facilitator's Guide, 4th Edition.* Wiley, 2013.
(エドガー H. シャイン，J. ヴァン＝マーネン『キャリア・マネジメント：ファシリテーター・ガイド』木村琢磨監訳，尾川丈一・藤田廣志訳，白桃書房，2015)

Schein, E. H. *Humble Inquiry: The Gentle Art of Asking Instead of Telling.* Berrett-Koehler, 2013.
(エドガー H. シャイン『問いかける技術―確かな人間関係と優れた組織をつくる』金井壽宏監訳，原賀真紀子訳，英治出版，2014)

エドガー H. シャイン・尾川丈一・石川大雅著『シャイン博士が語るキャリア・カウンセリングの進め方―〈キャリア・アンカー〉の正しい使用法』松本美央・小沼勢矢訳，白桃書房，2017。

## 著者紹介

**エドガー H. シャイン** (Edger H. Schein)

1947年　シカゴ大学社会学部卒業（アービン・ゴフマンに師事）
1949年　スタンフォード大学大学院社会心理学研究科修士課程修了（ハリー・ヘルソンに師事）
1952年　ハーバード大学大学院社会関係研究科博士課程修了（ゴードン・オルポートに師事）

William Alanson White Institute（NYネオ・フロイト派社会精神分析研究所）Post-Doctoral Program 修了（フリーダ・フロム-ライヒマン（Frieda Fromm-Reichmann）に教育分析を受ける）。NTL（National Training Laboratory）で，T-グループに，ウォレン・ベニスと初期から関与。クルト・レビン（MIT Group Dynamics Research Center）やダグラス・マクレガー（MIT Sloan School, 学部長），リチャード・ベックハード（MIT Sloan School, 特任教授）から強い影響を受け，Addison-Wesley の OD Series の監修者の1人となる。人間と人間のインターフェースとして，「組織心理学」という新しいパラダイムを提示。また，人間と機械のインターフェースの提唱者。ニコラス・ネグロポンテ（MIT Media Lab 所長）とは，昵懇の間柄である。

現　在　MIT Sloan School Professor Emeritus

[著書]（邦訳されたものに限る）：

『組織心理学』（松井賚夫訳，岩波書店，1966年）
『リーダーシップ』（共著：高橋達男訳，産業能率短期大学出版部，1967年）
『T-グループの実際：人間と組織の変革I』『T-グループの理論：人間と組織の変革II』（共著：伊藤博訳，岩崎学術出版，1969年）
『アジソン-ウェズレイ・ODシリーズ：第2巻：職場ぐるみ訓練の進め方』（高橋達男訳，産業能率短期大学出版部，1972年）
『キャリア・ダイナミクス』（二村敏子・三善勝代訳，白桃書房，1991年）
『新しい人間管理と問題解決』（稲葉元吉・稲葉祐之訳，産業大学出版部，1993年）
『プロセス・コンサルテーション』（稲葉元吉監訳，尾川丈一訳，白桃書房，2002年）
『キャリア・アンカー』（金井壽宏訳，白桃書房，2003年）
『キャリア・サバイバル』（金井壽宏訳，白桃書房，2003年）
『企業文化―生き残りの指針』（金井壽宏監訳，尾川丈一・片山佳代子訳，白桃書房，2004年）
『DECの興亡』（共著：稲葉元吉・尾川丈一監訳，亀田ブックサービス，2007年）
『キャリア・アンカー：セルフ・アセスメント』（金井壽宏・高橋潔訳，白桃書房，2009年）
『人を助けるとはどういうことか』（金井壽宏監訳，金井真弓訳，英治出版，2009年）
『組織文化とリーダーシップ』（梅津祐良・横山哲夫訳，白桃書房，2012年）
『組織セラピー』（共著：尾川丈一・稲葉祐之・木村琢磨訳，白桃書房，2013年）
『キャリア・マネジメント―変わり続ける仕事とキャリア』（共著：木村琢磨監訳，尾川丈一・清水幸登・藤田廣志訳，白桃書房，2015年）
『企業文化［改訂版］―ダイバシティーと文化の仕組み』（尾川丈一監訳，松本美央訳，白

桃書房，2016年）

『シャイン博士が語る キャリア・カウンセリングの進め方―〈キャリア・アンカー〉の正しい使用法』（共著：松本美央・小沼勢矢訳，白桃書房，2017年）

## 尾川丈一 （おがわ・じょういち）

1982年　慶應義塾大学経済学部卒業
1986年　慶應義塾大学文学部人間関係学科卒業
1993年　慶應義塾大学大学院社会学研究科後期博士課程（所定単位取得退学）
1991年9月―1992年8月　スタンフォード大学医学研究科行動科学教室（MRI）Research Fellow
2003年9月―2005年8月　William Alanson White Institute Post-Doctoral Program
2009年　神戸大学大学院経営学研究科後期博士課程（所定単位取得退学）
現　在　Process Consultation Inc. (USA), CEO
　　　　Grand Canyon University, Department of Education, Grad School of Organizational Development Major

［著　書］

『イマージェント・リーダー』（亀田ブックサービス，2010年）

『シャイン博士が語る キャリア・カウンセリングの進め方―〈キャリア・アンカー〉の正しい使用法』（共著：松本美央・小沼勢矢訳，白桃書房，2017年）

『心理療法入門』（分担執筆：金子書房，1993年）

『ブリーフ・セラピー入門』（分担執筆：金剛出版，1994年）

『マルチメディア社会システムの諸相』（分担執筆：日科技連出版社，1997年）

『解決志向ブリーフ・セラピーの実際』（分担執筆：金剛出版，1997年）

*The Organizational Therapy*（分担執筆：Alternative Views Publishing, 2009）

［訳　書］

マンフレッド K. ブリース他著『神経症組織―病める企業の診断と再生』（共訳：亀田ブックサービス，1995年）

リチャード・バンドラー他著『魔術の構造』（共訳：亀田ブックサービス，2000年）

エドガー H. シャイン著『プロセス・コンサルテーション―援助関係を築くこと』（共訳：白桃書房，2002年）

ハリー・アルダー著『部下を持つ人のためのNLP（神経言語プログラミング）』（共訳：東京図書，2005年）

ダニー・ミラー著『イカロス・パラドックス―企業の成功・衰退・及び復活の力学』（共訳：亀田ブックサービス，2006年）

エドガー H. シャイン著『DECの興亡』（共訳：亀田ブックサービス，2007年）

エドガー H. シャイン他著『組織セラピー―組織感情への臨床アプローチ』（共訳：白桃書房，2014年）

エドガー H. シャイン他著『キャリア・マネジメント―変わり続ける仕事とキャリア』（共訳：白桃書房，2015年）

ダグラス T. ホール著『プロティアン・キャリア：生涯を通じて生き続けるキャリア―キャリアへの関係性アプローチ』（監訳：亀田ブックセンター，2016年）

エドガー H. シャイン著『企業文化［改訂版］―ダイバーシティと文化の仕組み』（監訳：白桃書房，2016 年）

## 石川大雅 (いしかわ・たいが)

- 1969 年　東京農業大学農学部農芸化学科卒業
- 1969 年　トーアエイヨー株式会社
- 1990 年　アークインターナショナル株式会社
- 1992 年　株式会社ビジネスコンサルタントを経て 1998 年に独立
- 現　在　株式会社プロ・アライブ 取締役会長
  ビジネス脳科学研究所代表

[著　書]

『心理学的アプローチ NLP による，提案型営業のすべて』（監修：近代消防社，2001 年）
『メンタリングによるセールスコーチングのすべて』（近代消防社，2001 年）
『できないことがなくなる技術～ Brain Copy Technique ～』（中経出版，2012 年）
『自分に合った脳の使い方』（フォレスト出版，2016 年）
『シャイン博士が語る キャリア・カウンセリングの進め方―〈キャリア・アンカー〉の正しい使用法』（共著：松本美央・小沼勢矢訳，白桃書房，2017 年）
『思い込みを捨てれば人生が変わる』（監修：生産性出版，2010 年）

[訳　書]

リチャード・バンドラー他著『魔術の構造』（共訳：亀田ブックサービス，2000 年）

## 訳者紹介

### 松本美央 (まつもと・みお)

- 1999 年　筑波大学第一学群人文学類卒業

[訳　書]

エドガー H. シャイン著『企業文化［改訂版］―ダイバーシティと文化の仕組み』（白桃書房，2016 年）
エドガー H. シャイン，尾川丈一，石川大雅著『シャイン博士が語る キャリア・カウンセリングの進め方―〈キャリア・アンカー〉の正しい使用法』（共訳：白桃書房，2017 年）

### 小沼勢矢 (こぬま・せいや)

- 2011 年　神田外語大学外国語学部卒業
- 2011 年　株式会社トータルサービス
- 2012 年　株式会社ハート・ネット
- 2015 年　株式会社プロ・アライブ代表取締役就任，現在に至る

[訳　書]

エドガー H. シャイン，尾川丈一，石川大雅著『シャイン博士が語る キャリア・カウンセリングの進め方―〈キャリア・アンカー〉の正しい使用法』（共訳：白桃書房，2017 年）

## シャイン博士が語る 組織開発と人的資源管理の進め方
―プロセス・コンサルテーション技法の用い方―

▨ 発行日──2017年4月26日　初版発行　　　　〈検印省略〉
　　　　　2020年6月26日　第2刷発行

▨ 著　者──エドガー H. シャイン
　　　　　　尾川　丈一
　　　　　　石川　大雅

▨ 発行者──大矢栄一郎

▨ 発行所──株式会社 白桃書房
　　　　　〒101-0021　東京都千代田区外神田5-1-15
　　　　　☎03-3836-4781　📠03-3836-9370　振替00100-4-20192
　　　　　http://www.hakutou.co.jp/

▨ 印刷・製本──藤原印刷

Ⓒ Process Consultation Inc.（Japan）2017　Printed in Japan
ISBN 978-4-561-24697-8 C3034

本書のコピー，スキャン，デジタル化等の無断複製は著作権法上での例外を除き禁じられています。本書を代行業者等の第三者に依頼してスキャンやデジタル化することは，たとえ個人や家庭内の利用であっても著作権法上認められておりません。

JCOPY〈出版者著作権管理機構　委託出版物〉
本書の無断複写は著作権法上での例外を除き禁じられています。複写される場合は，そのつど事前に，出版者著作権管理機構（電話03-5244-5088，FAX03-5244-5089，e-mail: info@jcopy.co.jp）の許諾を得てください。

落丁本・乱丁本はおとりかえいたします。

## 好 評 書

E.H.シャイン，尾川丈一，石川大雅著　松本美央・小沼勢矢訳
### シャイン博士が語る キャリア・カウンセリングの進め方　本体1800円
―〈キャリア・アンカー〉の正しい使用法―

E.H.シャイン著　尾川丈一監訳　松本美央訳
### 企業文化［改訂版］　本体3500円
―ダイバーシティと文化の仕組み―

E.H.シャイン編著　尾川丈一・稲葉祐之・木村琢磨訳
### 組織セラピー　本体2315円
―組織感情への臨床アプローチ―

E.H.シャイン著　金井壽宏訳
### キャリア・アンカー　本体1600円
―自分のほんとうの価値を発見しよう―

E.H.シャイン著　金井壽宏訳
### キャリア・サバイバル　本体1500円
―職務と役割の戦略的プラニング―

E.H.シャイン著　二村敏子・三善勝代訳
### キャリア・ダイナミクス　本体3800円

E.H.シャイン，J.ヴァン＝マーネン著　木村琢磨監訳
尾川丈一・清水幸登・藤田廣志訳
### キャリア・マネジメント ―変わり続ける仕事とキャリア―
　セルフ・アセスメント　本体800円
　パーティシパント・ワークブック　本体3000円
　ファシリテーター・ガイド　本体3500円

――――――白桃書房――――――

本広告の価格は消費税抜きです。別途消費税が加算されます。